JN441413

규방 공예

우리 멋이
깃든
장신구와
가방 만들기

**Art
&
Life
05**

규방공예: 우리 멋이 깃든 장신구와 가방 만들기

2013년 1월 1일 1판 1쇄 발행
2014년 2월 10일 1판 2쇄 발행

지은이 김재은

펴낸이 김현표
주간 최진선
편집 원희진
디자인 신정민 · 정선명
사진 신중훈 · 정재훈(http://636at.com)
진행 김민경
삽화 김민(http://blog.naver.com/hiroukie77)

펴낸곳 **미진사**
주소 경기도 파주시 광인사길 103
전화 031-955-6266
팩스 031-955-6267
이메일 mijinsa@mijinsa.com
홈페이지 www.mijinsa.com
등록번호 제406-2013-000126호

ISBN 978-89-408-0437-7
978-89-408-0398-1
값 18,000원

규방 공예

우리 멋이
깃든
장신구와
가방 만들기

Art
&
Life
05

김재은
지음

미진사

차

례

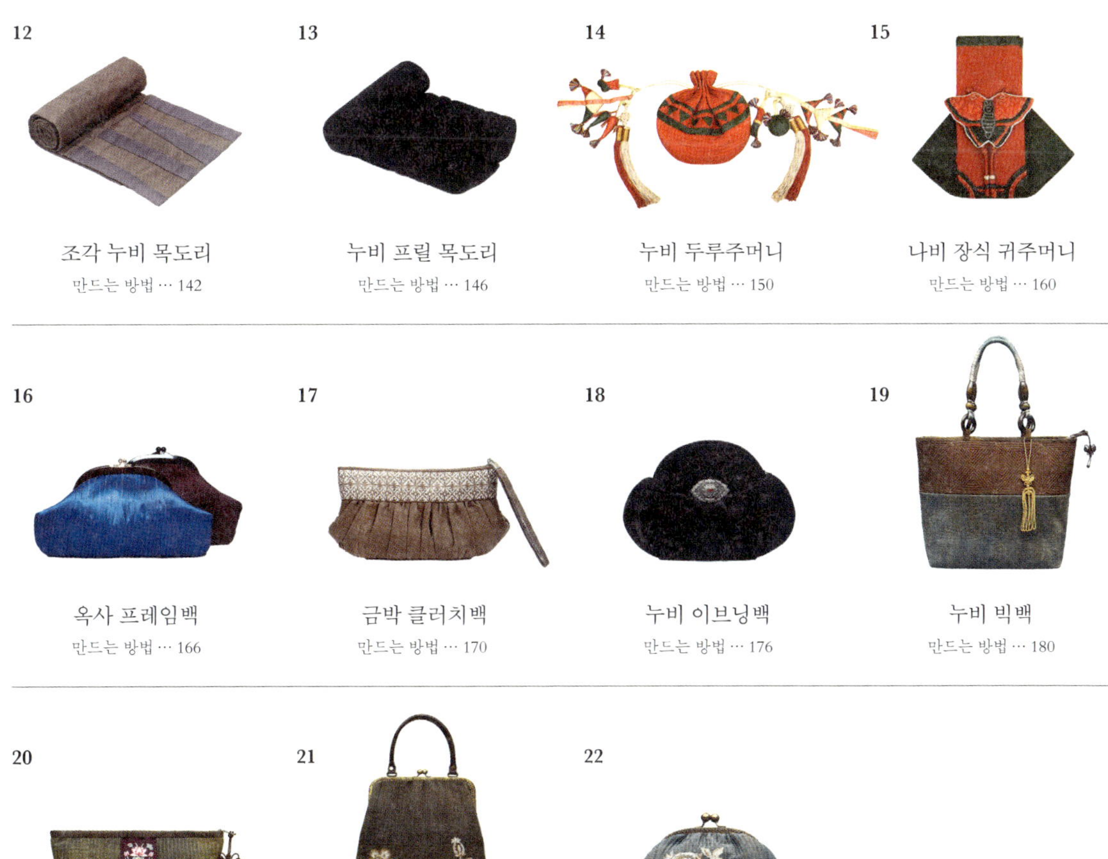

머리말

길고 지루했던 무더위가 짧게만 느껴진 여름이었습니다. 오랜 시간 배우고 익혔던 다양한 바느질을 하나씩 머릿속에서 정리하여 글로 표현해야 하는 고뇌와 새로운 작품들을 창작하는 즐거움으로 정신 없이 지내다보니 어느덧 겨울이 성큼 다가와 있습니다.
어린 시절 솜씨가 좋고 바느질을 즐겨 하시던 친정 어머니의 영향으로 늘 바느질과 가까이 살아 온 듯합니다. 곱게 앉아 가족들 옷을 손수 바느질하시던 어머니 곁에 앉아 있노라면, "네가 한번 꿰매 보려므나" 하고 조각천들을 쥐어주며 바느질을 알려주곤 하셨습니다.
어머니의 영향으로 언제나 바느질을 가까이 하고 좋아했지만, 2001년 전통공예학교에서 김현희 선생님께 자수와 보자기를 배우면서 다시 바느질의 세계에 심취하게 되었습니다. 생활 속에 활용할 수 있는 다양한 용품을 만들었던 조상들의 지혜를 배우고 조각천을 자유롭게 이어 붙여 기하학적인 패턴을 창조하면서, 어머니께 바느질을 배우던 그때인 듯 즐겁고 행복했습니다.
이 책의 집필 제안을 받고 가장 먼저 생각한 것이 전통을 바탕으로 한 현대적인 작품들이었습니다. 우리 어머니들이 만들어주셨던 것처럼 우리 딸들과 며느리들이 사용할 수 있도록 만들어주고 싶은 규방 소품들을 이 책 가득 싣고 싶었습니다.
수많은 어머니들의 사랑과 솜씨로 완성되어 전해 오는 우리의 규방공예…. 그 정교한 솜씨와 아름다운 색감, 실용성까지 이제껏 배워 온 전통에 현대적인 시각을 접목하여 지금 보아도 여전히 아름다울 뿐 아니라 조상의 숨결이 느껴지는 실용적인 소품들을 이 책에 담았습니다.
우리의 아름답고 자랑스러운 전통 문화가 많은 사람들에게 알려지는 계기가 되길 바라며 책을 마무리합니다.

2012년 겨울 김재은

조각 목걸이

만드는 방법 … 102

구슬 목걸이

만드는 방법 … 106

꽃모양 목걸이

만드는 방법 … 110

조각 브로치

만드는 방법 … 114

색동 머리띠

만드는 방법 … 116

나뭇잎 머리띠

만드는 방법 … *120*

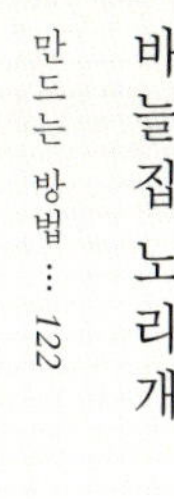

바늘집 노리개

만드는 방법 … *122*

자라줌치 노리개

만드는 방법 … *126*

양털 아기 볼끼

만드는 방법 … 130

밍크 장식 조바위

만드는 방법 … 136

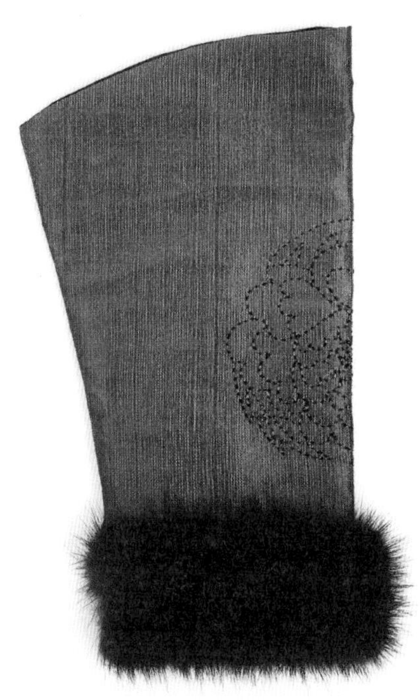

금사 누비 토시

만드는 방법 … 140

조각 누비 목도리

만드는 방법 … 142

누비 프릴 목도리

만드는 방법 … 146

누비 두루주머니

만드는 방법 … 150

나비 장식 귀주머니

만드는 방법 … *160*

옥사 프레임백

만드는 방법 … 166

금박 클러치백

만드는 방법 … 170

누비 이브닝백

만드는 방법 … 176

누비 빅백

만드는 방법 … 180

누비 파우치

만드는 방법 … 182

꼴라주 빅백

만드는 방법 … 184

꼴라주 파우치

만드는 방법 … 186

시작하기 전에

규방공예 이야기

규방공예란?

규방은 전통 가옥에서 남성들이 거주하던 '사랑채'와 구분되는 여성들의 생활 공간으로서, 단지 '방'이라는 한정된 공간만을 의미하는 것이 아니라 당시의 '여성 커뮤니티'를 상징한다. 조선 시대의 엄격한 유교 사회에서 사회적 활동이 제한되었던 여성들이 규방에서 다양한 생활용품을 만들던 것들을 통칭하여 규방공예라 한다. 규방공예는 천연 염색, 침선(바느질), 매듭, 자수 등이 총체적으로 어우러져 한국의 전통미를 표현하는 생활 공예품으로 전해져 내려온다.

규방공예의 역사

규방공예의 역사는 여성들의 역사와 같이 해왔다. 삼국 시대나 고려 시대에는 여성이 남성과 동등한 위치에 자리하고 있으면서 생활에 필요한 일상용품을 생산하는 수준이었다. 조선 시대에 이르러 집 안에만 머물도록 억압받던 여성들은 규방에서 바느질이나 자수를 통해서나마 창조적인 에너지를 분출할 수밖에 없었다. 이것이 규방공예가 크게 발전하는 계기가 되어, 여인들은 자신들의 꿈과 소망을 담아 예술의 경지에 이르는 생활용품을 만들고 규방 문화를 꽃피웠다. 그러나 서구 문명이 밀려들어오고 기계화와 대량 생산, 여성의 사회 진출 등 격변하는 사회적 분위기 속에서 규방공예는 외면당하게 되었다. 21세기에 들어서면서 경제적으로 안정되고 생활의 여유가 생긴 사람들 사이에서 점차 전통과 문화에 대한 인식과 관심이 높아지면서 오늘날 규방공예가 재조명받고 있다.

규방공예의 종류

- **소품** - 바늘방석, 가위집, 인두집, 인두판, 자집, 수저집, 골무, 노리개, 베갯모
- **주머니** - 두루주머니, 귀주머니, 약낭, 향낭, 강릉주머니
- **혼례용 보자기** - 사주보, 연길보, 혼서지보, 기러기보, 함보
- **보자기** - 조각보, 홑보, 겹보, 자수보, 누비보
- **쓰개류** - 복건, 호건, 조바위, 남바위, 굴레, 아얌, 댕기
- **의복류** - 배자, 버선, 타래버선, 토시

규방공예의 현대적 활용

오늘날 세계 여러 나라들이 국가나 민족의 정체성을 위해 자국의 독창적인 문화를 보존하고 국제화하려는 노력을 하고 있다. 이러한 글로벌 시대에 문화 경쟁력을 향상하고 독창적인 전통 생활 기술을 발굴, 계승하는 것이 중요한 과제라 하겠다. 그 중에서도 한국적 미와 정서가 담긴 규방공예품들은 현대인의 시각으로 보아도 매우 섬세하고 기교면에서 훌륭하며 예술성도 뛰어나기 때문에, 그 가치를 재인식하고 적극적으로 활용할 필요가 있다.

전통 작품을 재현하는 것도 중요하지만 거기에 국한되지 않고, 전통 소재를 활용하거나 규방공예 기법을 활용한 새로운 디자인을 창작하고 여기에 현대적인 미감과 실용성을 가미하여 규방공예의 대중화에 힘써야 한다. 그래야 규방공예 소품들이 실생활에서 활용할 수 있는 수준 높은 생활 공예품으로서 우리의 삶 속에 자리매김할 수 있을 것이다.

재료와 도구

원단 종류

우리나라의 전통 직물은 크게 면직물(무명), 마직물(모시, 삼베), 견직물(명주, 양단, 모본단, 옥사, 숙고사, 생고사 등)로 나눌 수 있다. 각각의 특징과 쓰임새를 살펴보자.

면직물

- **면포** - 목화에서 뽑아낸 무명실로 짠 직물의 총칭이다. 흡수성과 내구성이 좋고 실용적이기 때문에 다양한 용도로 쓰인다.
- **무명** - 재래식 베틀로 제직된 평직물이다. 너비가 좁으며 평민의 옷감에 많이 쓰였다. 현재의 생산지로는 전남 나주의 샛골나이가 유명하다.

마직물

- **모시** - 모시풀 껍질에서 얻은 실로 제직한 옷감으로 저마苧麻라고도 한다. 삼베보다 곱고 시원한 느낌을 주며 습기의 흡수와 발산이 빨라 주로 여름철 옷감으로 쓰인다. 한산 지방의 모시는 오늘날까지 모시의 대명사로 이름이 높다.
- **삼베** - 삼의 인피섬유로 제직한 직물로 대마포 또는 삼베로 불린다. 경, 위사 모두 평직으로 제직하며 표백하지 않고 빳빳한 그대로를 사용한다. 새 수가 많을수록 바닥이 고우며 여름옷으로는 최적이라 할 수 있다. 오늘날 삼베는 곡성의 돌실나이와 안동포가 무형문화재로 지정되어 전승되고 있다.

무명 모시 삼베

견직물

- **명주** - 누에고치에서 얻은 실로 짠 평직물이다. 촉감이 부드럽고 튼튼하다.
- **양단** - 겹으로 두껍게 짠 고급 비단으로 주자직朱子織으로 짜였으며 무늬가 비스듬하게 나타나는 능직綾織물이다. 주로 겨울철 옷감으로 많이 쓰인다.
- **모본단** - 견직물의 하나로 수자문직繻子紋織이다. 두께가 양단보다 약간 얇고 아름다운 광택이 있다.
- **옥사** - 둘 이상의 누에가 모여서 하나의 고치를 만든 옥견에서 뽑은 지름이 고르지 않은 실로 짠 여름용 직물이다.

- **갑사** - 표면에 능선 같은 선이 나타나는 사문직斜紋織이며 여름옷을 만드는 데 쓰인다. 평직보다 매끄럽고 광택이 있다.
- **순인** - 무늬가 없는 갑사를 말한다.
- **생고사** - 누에고치에서 뽑아낸 생사를 그대로 써서 짠 옷감으로 바닥은 사 조직이고 무늬는 평직이다. 얇고 가벼우며 빳빳한 편이다.
- **숙고사** - 위사는 생사, 경사는 삶아서 빤 연사로 짠 평직의 비단이다. 부드럽고 섬세해 주로 여성의 봄, 가을용 옷감으로 사용된다.

명주 양단 모본단 옥사

갑사 순인 생고사 숙고사

장식 및 부자재 구입처

- **기본 바느질 도구, 지퍼, 견봉사, 시침실** - 동대문 종합시장 부자재 상가
- **브로치 및 가방 프레임, 장식 구슬** - 동대문 종합시장 액세서리 상가
- **양단, 명주, 갑사, 목화솜, 자수실** - 청계5가 광장시장
- **양털, 밍크털 트리밍** - 청계5가 광장시장, 동대문 종합시장 부자재 상가

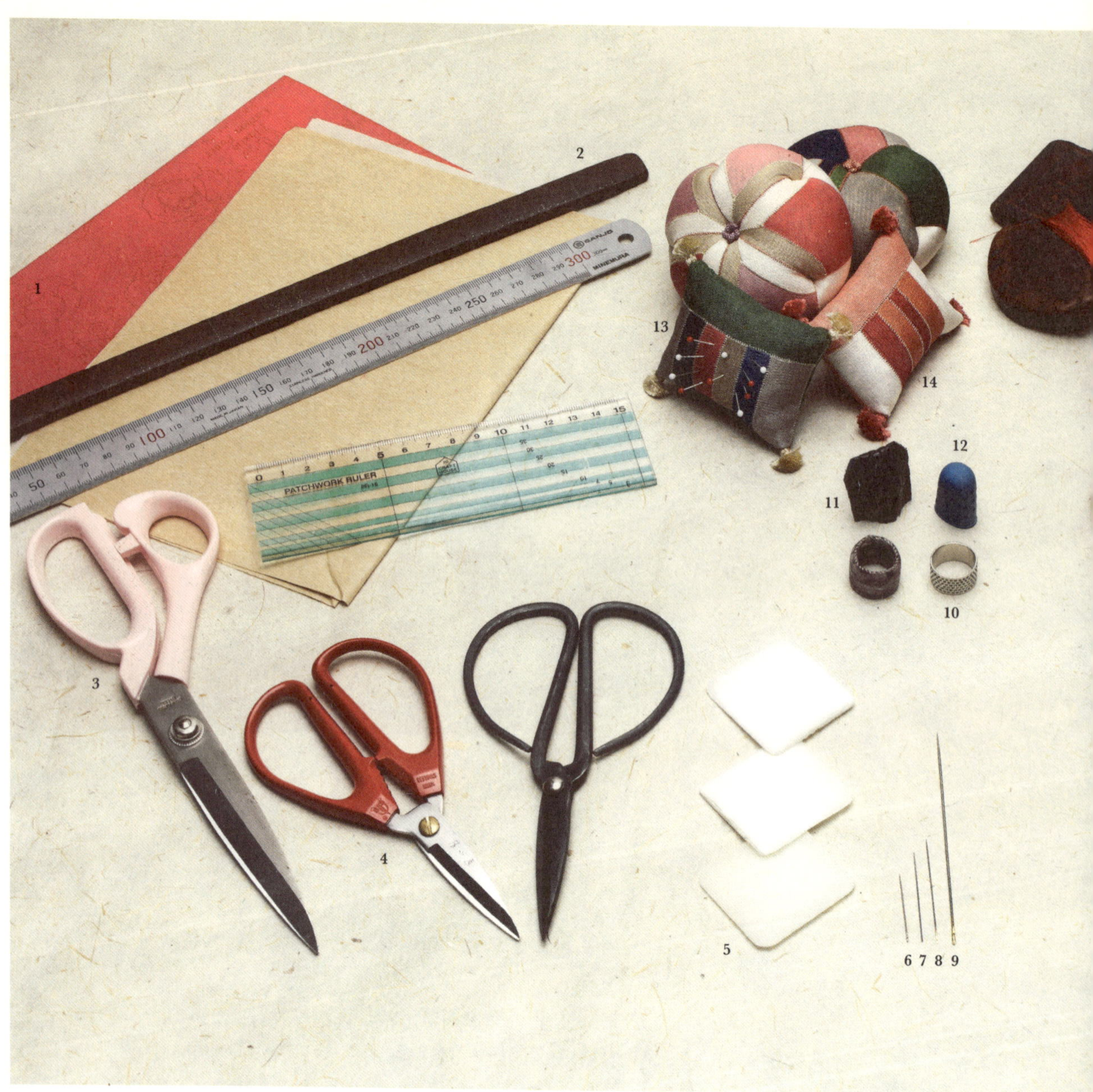
1
2
PATCHWORK RULER
13
14
12
11
10
3
4
5
6 7 8 9

도구

1 **먹지** - 문양을 옮겨 그릴 때 필요하며 다림질하면 지워진다. 원단의 색깔과 대비되는 먹지를 사용하며, 의류용을 사용하는 것이 좋다.

2 **자** - 15cm, 30cm, 50cm 등 쓰임새에 맞도록 다양한 크기의 자를 준비한다. 누비 올을 튕길 때는 납작한 쇠자를 사용하는 것이 오차가 적다.

3 **큰 가위** - 재단할 때 사용한다.

4 **작은 가위** - 가위밥을 주거나 작은 곡선을 오릴 때 사용한다.

5 **초크** - 재단 시에는 초로 만든 초크를 사용한다.

6 **누비 바늘** - 잘 휘지 않도록 길이가 짧고 탄탄한 것이 좋다.

7 **감침질 바늘** - 중간 길이의 가는 바늘로, 특히 귀가 작은 것이 손에 무리를 주지 않는다.

8 **시침 바늘** - 시침질할 때 주로 쓰며 가늘고 긴 편이다.

9 **대바늘** - 긴 끈, 파이핑 등을 뒤집을 때 사용한다.

10 **쇠골무** - 중지에 끼고 바늘을 밀어 넣을 때 사용한다. 실이 쉽게 끊어지는 단점이 있으므로 배접지로 싸서 사용한다.

11 **가죽 골무** - 검지나 장지에 끼고 사용한다.

12 **고무골무** - 바늘을 쉽게 빼낼 수 있다. 누비, 사뜨기에 필요하다.

13 **시침핀** - 시침하기 전이나 재단 시 앞, 뒷감을 고정하는 등 다양하게 사용한다.

14 **바늘꽂이** - 바늘이나 시침핀을 꽂아두는 도구이다.

15 **실패** - 실을 감아두는 용도이다.

16 **송곳** - 구멍을 뚫거나 섬세한 작업을 할 때 필요하다.

17 **샤프 초크** - 섬세한 것을 그릴 때는 샤프 형태의 초크를 사용하는 것이 좋다.

18 **화각 밀대** - 누비를 할 때 옷감 안팎이 밀리지 않도록 사용하던 도구이다.

19 **헤라** - 감침질 선이나 시접 부분이 잘 접히도록 누르는 도구이다.

기본 바느질과 자수

1 **홈질** – 가장 기본이 되는 바느질로 두 겹 또는 여러 겹의 천을 고정할 때 사용한다. 앞뒤가 같은 모양으로 나타나며 땀을 고르게 바느질하는 것이 좋다.

2 **감침질** – 솔기의 시접을 꺾어 안으로 접어 넣은 후 두 솔기를 마주잡고 바느질한다. 주로 겉쪽에서 바느질할 때 쓰이며, 요즘은 조각보를 이을 때 장식적인 효과를 위해 많이 사용한다.

3 **시침질** – 홈질이나 박음질을 하기 전에 큰 땀으로 하는 바느질로, 본 바느질이 잘 될 수 있게 고정해주는 역할을 한다. 일반 시침과 어슷 시침이 있으며, 솜을 시침할 때는 위의 땀을 길게 하여 솜을 고정하도록 한다.

4 **박음질** – 홈질보다 단단하게 고정할 수 있는 바느질로, 바늘땀만큼 되돌아와 뜨는 온박음질과 반만 되돌아와 뜨는 반박음질이 있다. 고운 바느질을 할 때 주로 쓰며 앞뒤 모양이 다르게 나타난다.

5 **공그르기** – 숨 뜨기라고 부르기도 하며 주로 창구멍을 막을 때나 단 부분을 꿰맬 때 사용한다. 바느질 땀이 거의 드러나지 않는다.

6 **상침** – 땀 수에 따라 한땀 상침, 두땀 상침, 세땀 상침 등이 있다. 기본적으로 박음질과 같은 방법으로 하며, 앞, 뒷감이 들뜨지 않게 고정하는 역할과 장식적인 역할을 함께 한다.

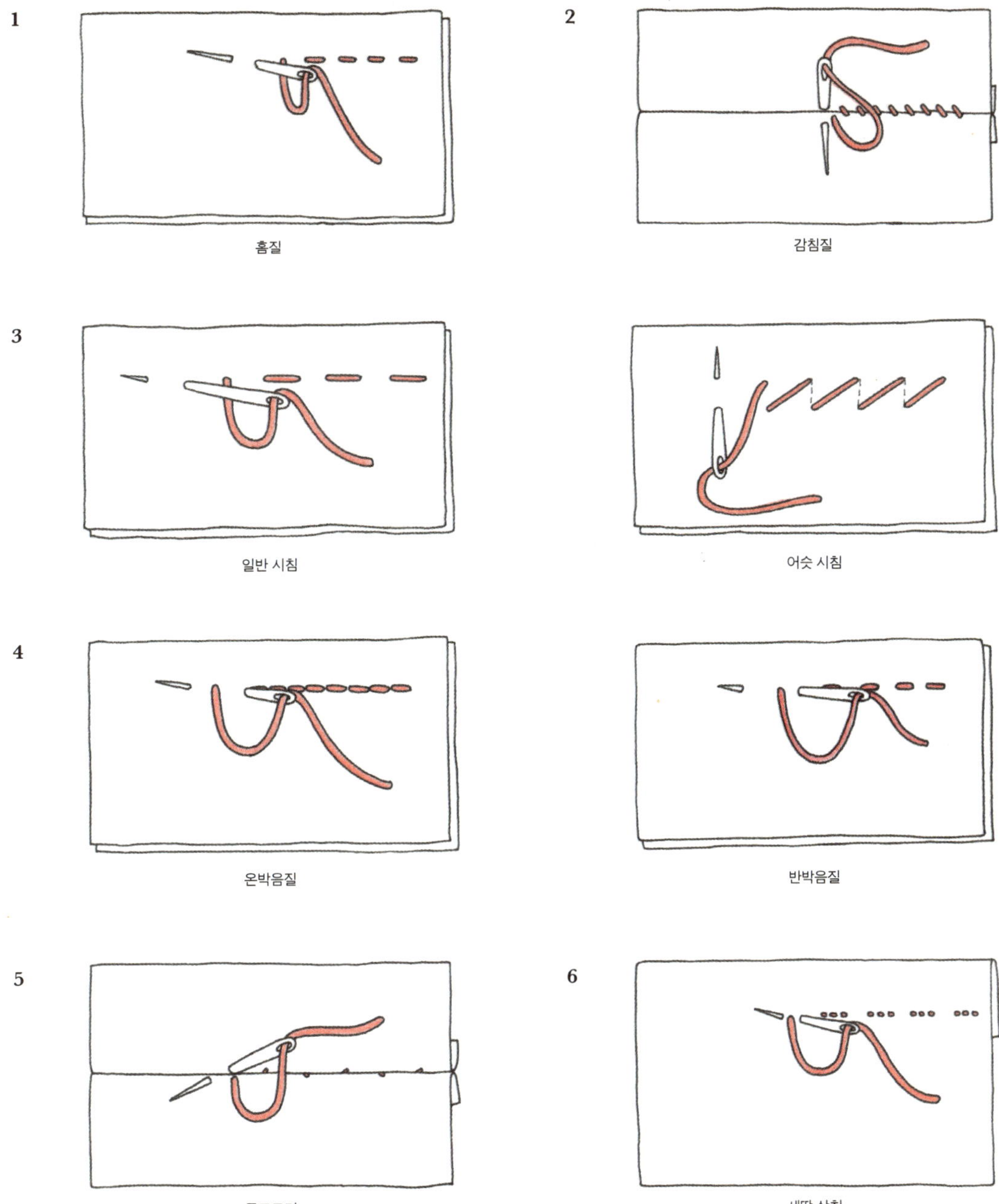
1
2
홈질
감침질
3
일반 시침
어슷 시침
4
온박음질
반박음질
5
6
공그르기
세땀 상침

7 **사뜨기** - 두 면을 가장 단단하게 잇는 장식적인 바느질 기법으로, 귀갑치기라고 부르기도 한다. 주로 골무, 노리개 등 장식품을 만들 때 많이 사용한다.

8 **이음수** - 선을 표현하는 대표적인 방법으로 서양 자수의 아우트라인 스티치와 비슷하다. 바늘땀이 겹쳐지는 길이에 따라 선의 굵기가 달라지며 잎의 줄기, 나뭇가지, 윤곽선 등에 많이 사용한다.

9 **징금수** - 굵은 금사나 은사 또는 꼬임을 많이 준 색사를 다른 가는 실로 징거주는 방법이다. 징금수를 놓는 금사는 노란색 실에 얇은 금판을 말아 만들었고 주로 궁중이나 상류층의 장식에 많이 사용되었다. 직선 부분보다 곡선 부분일수록 촘촘히 징근다.

10 **씨앗수** - 큰 점을 두드러지게 표현할 때 사용하며 매듭수라고도 한다. 씨앗수의 크기는 바늘을 감는 횟수에 따라 조절할 수 있다. 주로 꽃, 새의 눈, 꽃씨 등의 표현에 많이 사용한다.

알고가기 | 우리나라의 전통 자수

전통 자수는 침구류, 수저집, 안경집, 상보, 골무, 바늘쌈지, 병풍, 가리개 등의 일상용품에 다양하게 이용되었다. 기법은 자련수, 자릿수, 평수, 이음수, 씨앗수, 사슬수 등이 대부분이고, 화초, 산수, 동식물뿐 아니라 십장생, 봉황, 용, 수복문 등 복과 장수를 비는 길상무늬가 즐겨 사용되었다. 이는 복을 기원하는 상징을 늘 가까이 두어야 한다는 믿음에서 나온 것이다.

7

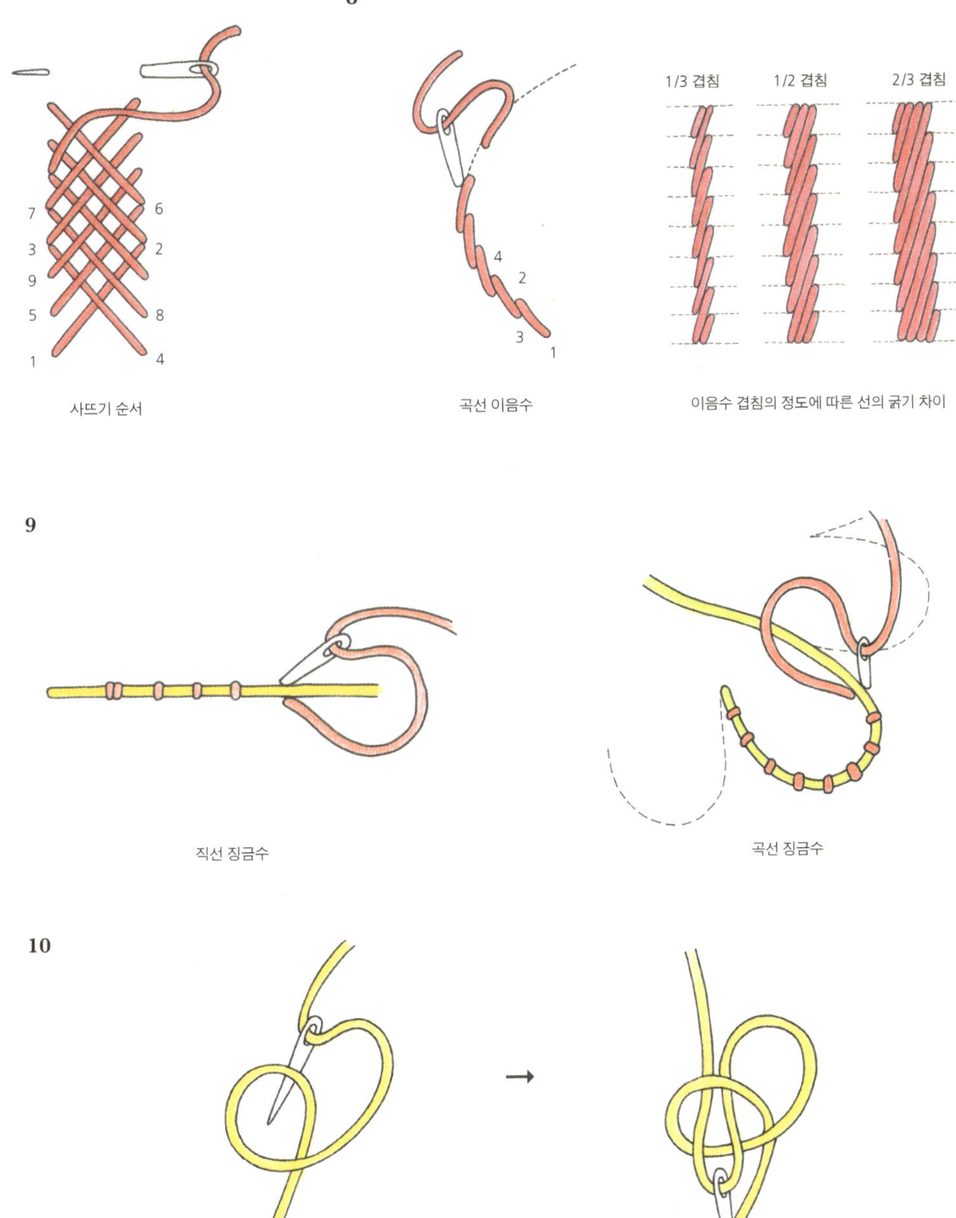

사뜨기 순서

곡선 이음수

이음수 겹침의 정도에 따른 선의 굵기 차이

직선 징금수

곡선 징금수

씨앗수 순서

기초 기법

찹쌀풀 쑤기

찹쌀풀은 접착력이 매우 좋아서 여러 가지 소품을 만들 때 다양하게 쓰인다. 찹쌀풀을 발라 만든 배접지는 단단하면서도 변형이 가능하다.

1 찹쌀 또는 찹쌀가루를 하룻밤 물에 불린다.
2 믹서로 갈아서 두세 시간 더 불린 후 다시 곱게 간다.
3 수프 정도의 농도로 묽게 풀을 쑨다.
4 끓으면 불을 약하게 줄이고 1시간 30분~2시간 가량 저어가며 뜸을 들인다.
5 냉동실에 보관하고 쓸 때마다 전자레인지에 녹여서 쓴다.

광목 배접지 만들기

광목 배접지는 규방 소품을 만들 때 단단한 심지 역할을 한다. 촉촉할 때는 여러 가지 모양으로 표현할 수 있으므로 골무 등 곡선으로 된 소품을 만들 때 유용하다. 용도에 따라 광목과 한지의 두께를 선택하여 배접지 두께를 조절할 수 있다.

1 판 위에 물에 적신 광목을 놓고 배접용 붓 또는 수건으로 두들겨가며 밀착시킨다.
2 묽게 쑨 찹쌀풀을 잘 펴바른 후 한지를 놓고 다시 두들겨서 공기를 없앤다.
3 1과 2를 반복해서 한 장 더 만든다.
4 먼저 만들어놓은 쪽에 풀을 바르고 3을 놓은 후 다시 두드린다.
5 그 위에 다시 풀을 바르고 물기 뺀 광목을 놓고 두들겨 밀착시킨다.
6 완전히 마를 때까지 1~2주(계절에 따라 변동) 두었다가 떼어낸다.

천 배접지 만들기

천 배접지는 여러 가지 소품을 만들 때 뒷지로 쓰인다. 천의 올이 풀리지 않게 하기 위하여 천 뒤에 한지를 한 겹 붙여서 만든다.

1 비단 또는 명주 등 천을 물에 적신 후 유리판에 붙이고 수건으로 두들겨 밀착시킨다.
2 묽게 쑨 찹쌀풀을 바르고 얇은 한지를 붙인다.
3 한지가 섬유 사이로 잘 밀착될 수 있도록 충분히 두들겨 공기를 빼준다.
4 저절로 떨어질 때까지 둔다.

파이핑 만들기

노리개, 가방 등 다양한 소품의 곡선으로 된 면이나 직선을 명확하고 깔끔하게 표현할 때 쓴다. 시중에 나와 있는 파이핑 심지를 사용하거나 무명실을 직접 꼬아서 원하는 굵기의 심지를 만들 수 있다. 또는 제 천의 시접을 안으로 밀어 넣어 심지가 되게 하기도 한다.

1 원하는 길이의 4배 길이의 무명실을 반으로 접어 중심을 핀으로 고정한다.
2 각각의 실을 같은 방향으로 바짝 꼰다.
3 두 가닥을 합해서 반대 방향으로 꼬아 심지를 만든다.
4 바이어스 재단한 천을 반으로 접은 후 심지를 넣고 곱게 홈질한다.

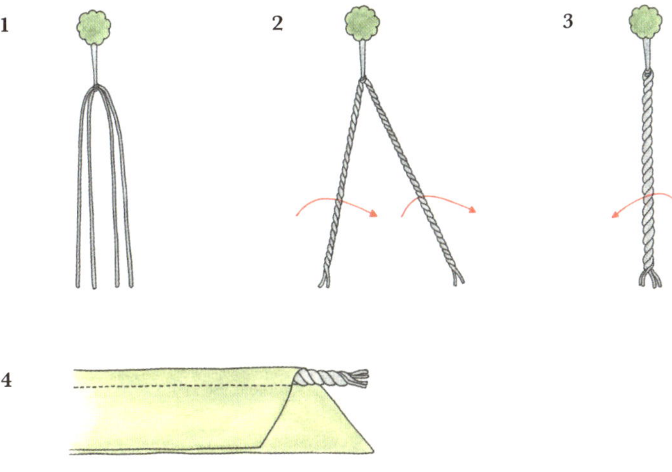

누비 하기

겉감과 안감 사이에 솜을 넣고 줄을 따라 바느질하여 고정하는 방법으로, 예로부터 방한을 목적으로 하는 여러 가지 옷들에 많이 사용되었다. 하지만 솜을 넣지 않고 겹누비로만 되어 있는 유물들도 종종 볼 수 있다. 주로 홈질을 사용하며 땀이 작을수록 섬세하고 아름답다. 누비의 처음과 끝에는 반박음질을 두세땀 해주어 바늘땀이 쉽게 풀리는 것을 방지한다. 무명, 명주 등 평직으로 짠 옷감들이 누비를 하기에 알맞다.

1 **풀기 빼기** - 천을 미지근한 물에 3~4시간 정도 담가 풀기를 빼고 수건으로 물기를 없앤 후 촉촉할 때 다림질한다.
2 **올 튕기기** - 누비를 할 간격으로 핀을 꽂은 후 핀으로 그 올을 잡아당기거나 가위밥을 약간 주어 누비 선을 표시한다.
3 **실에 초 먹이기** - 누비 실은 솜이 묻어 나오지 않도록 초를 여러 번 칠한 후에 종이 사이에 넣고 다림질해서 사용한다. 누비를 할 길이보다 1/3 정도 더 여유 있게 여러 가닥을 잘라서 한꺼번에 초를 먹인다. 솜을 시침할 때는 퀼트 실을 써도 좋다.
4 **손에 들고 누비기** - 퀼트처럼 손에 들고 누빈다. 밀대라고 하는 동그란 막대에 천을 말아 쥐고 누비기도 한다.
5 **판에 고정하고 누비기** - 천 양쪽 끝에 보조천을 달아 누비판에 핀으로 고정한 후 누비판과 천 사이에 책받침을 대고 누빈다. 누비판은 우드보드 위에 압축솜을 얹고 광목으로 팽팽하게 싸서 만들며, 다리미판을 대신 사용해도 된다.

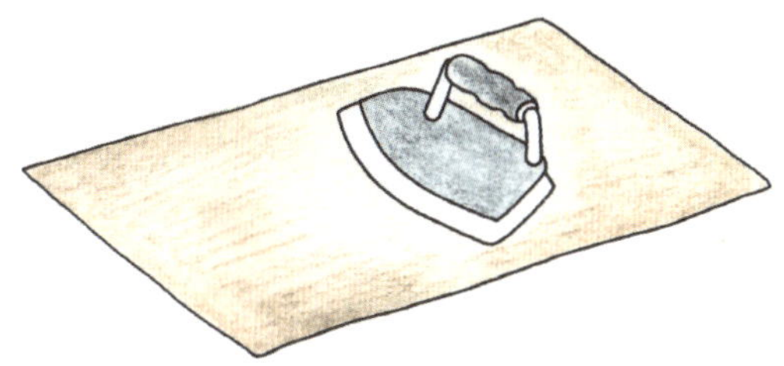

2

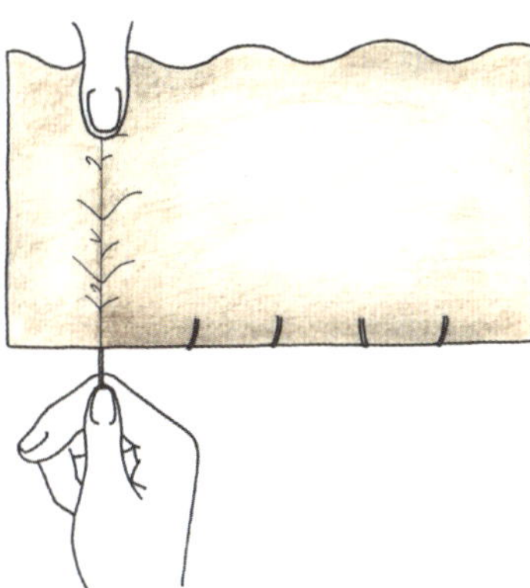

3

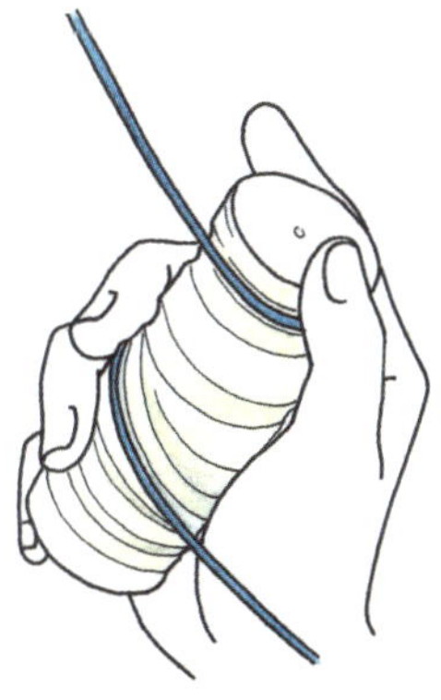

4

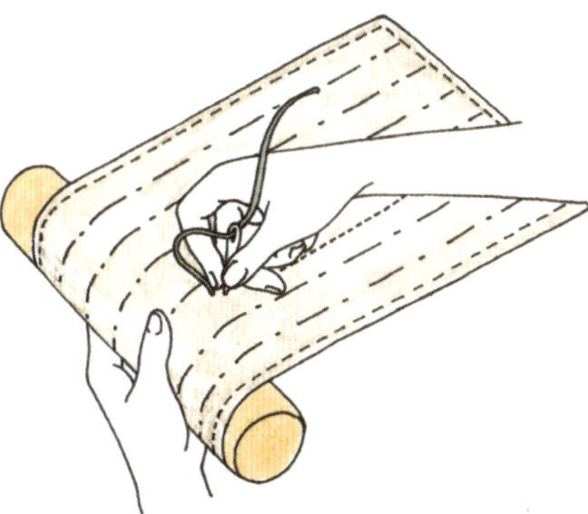

5

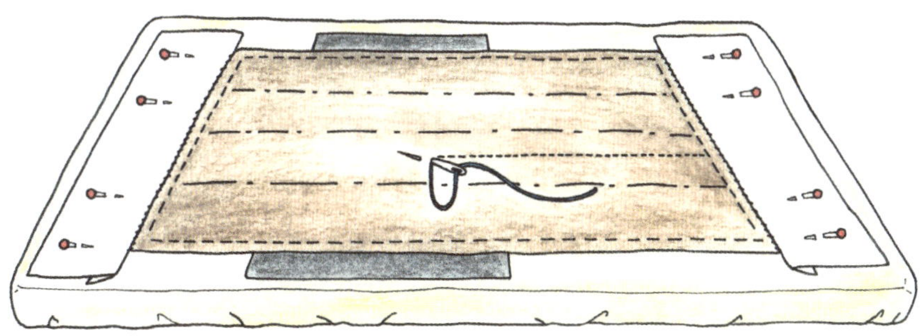

술 만들기

끈이나 노리개 등의 끝부분 장식으로 많이 쓰인다. 여러 가지 색의 수실을 함께 섞어서 만들어도 되며, 수실의 길이와 양은 원하는 술의 크기에 따라 조절한다. 술 여러 개를 나란히 달면 장식 효과가 뛰어나다.

1 술을 달 곳을 먼저 한 땀 뜬다.
2 그 자리를 한 번 더 떠서 실고리를 만든다.
3 수실을 가지런히 모아 접은 후 만들어둔 실고리 사이에 넣고 실을 당겨 고정해서 한 번 더 꿰맨다.
4 수실을 모아 잡고 바늘을 아래에서부터 넣어 5mm 위로 빼낸다.
5 실을 빼낸 위치를 4~5회 감아준다.
6 감아준 부분 속으로 바늘을 넣어 아래에서 위로 어슷하게 두세 번 꿰맨다.
7 마지막에 위로 바늘을 빼내 실을 자른 후 수실 중간을 잘라 술 모양으로 만든다.
8 가지런히 다듬어 완성한다.

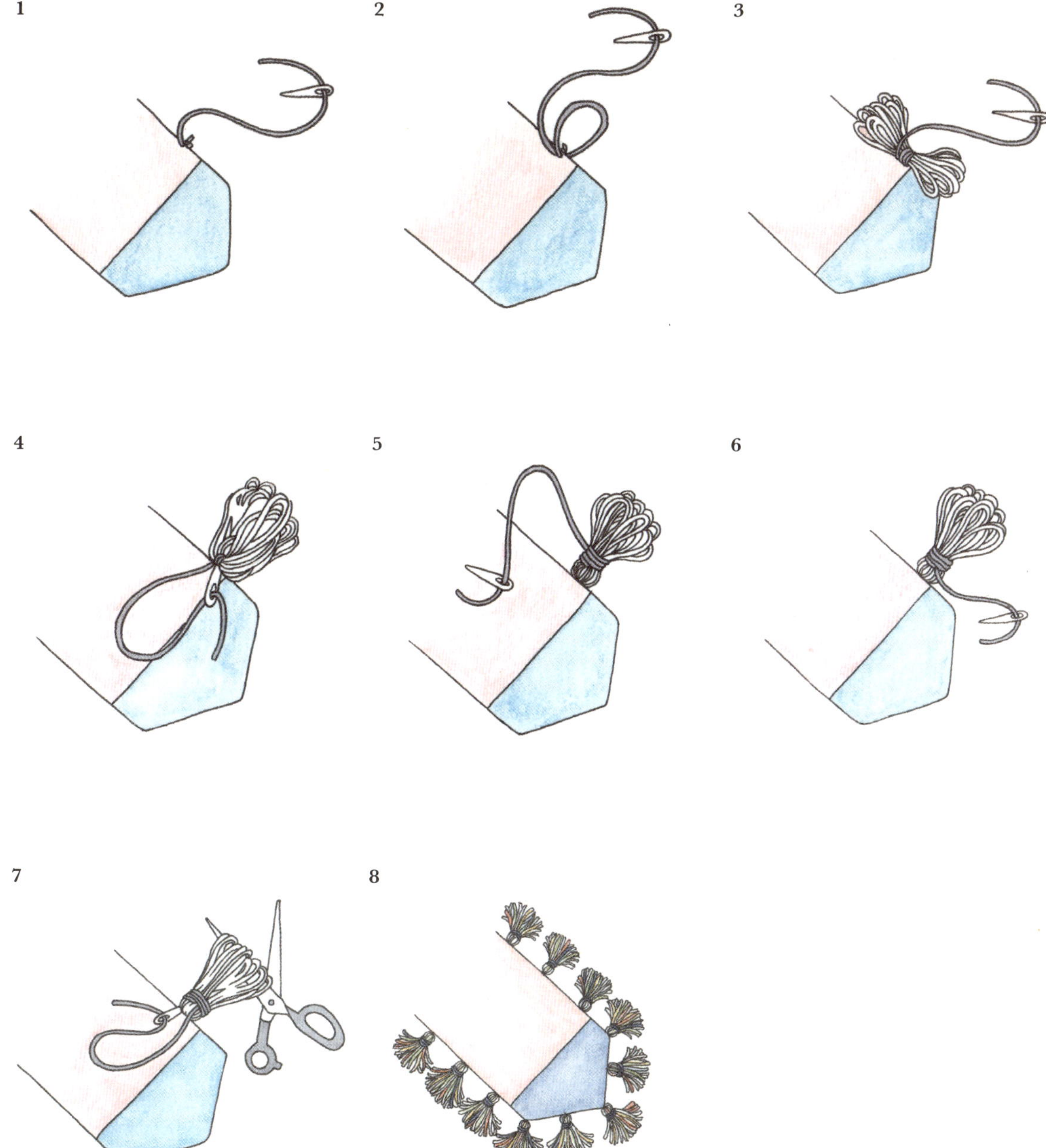
1
2
3
4
5
6
7
8

연봉매듭 맺기

연꽃 봉오리 모양의 매듭으로 주로 적삼이나 조끼의 단추로 많이 사용된다. 매듭 끈목을 사용하거나 옷감과 같은 천으로 가늘게 끈을 만들어 뒤집어서 사용한다.

1 끈을 왼손 검지에 걸고 끈의 중심이 검지와 중지 사이에 오게 놓는다.
2 오른쪽 끈을 중지 뒤로 돌려서 두 손가락 사이에 ∞자 모양이 되게 놓는다.
3 왼쪽 끈도 두 손가락 사이에 ∞자 모양으로 놓는다.
4 손가락을 빼고 타원형 부분을 엄지와 검지로 잡는다.
5 아래로 나온 끈을 위의 고의 아래에서 위로 뺀다.
6 위로 나온 끈을 아래 고의 아래에서 위로 뺀다.
7 오른쪽으로 나온 끈을 시계 반대 방향으로 반 바퀴 돌려서 중심의 왼쪽 구멍으로 통과시킨다.
8 왼쪽 끈도 시계 반대 방향으로 반 바퀴 돌려서 중심의 오른쪽 구멍으로 통과시킨다.
9 중심과 끈 두 가닥의 균형을 잡으며 당기면 머리를 땋은 모양처럼 된다.
10 송곳으로 조여가며 모양을 만든다.

알고가기 | 우리나라의 전통 매듭

우리나라에서 전해져 내려오는 기본형 매듭은 38종에 이르는데, 각기 다른 모양의 매듭들은 모두 좌우가 똑같고 앞뒤가 같은 균형미를 가지고 있다. 매듭의 이름을 나비, 잠자리, 매미, 국화, 연꽃 봉오리, 콩, 병아리, 단추, 안경 등 우리가 늘 보고 사용하는 온갖 물건, 꽃, 곤충에서 따온 것에서 우리의 전통 매듭이 선조들의 생활과 얼마나 가까이에 있었는지 짐작할 수 있다.

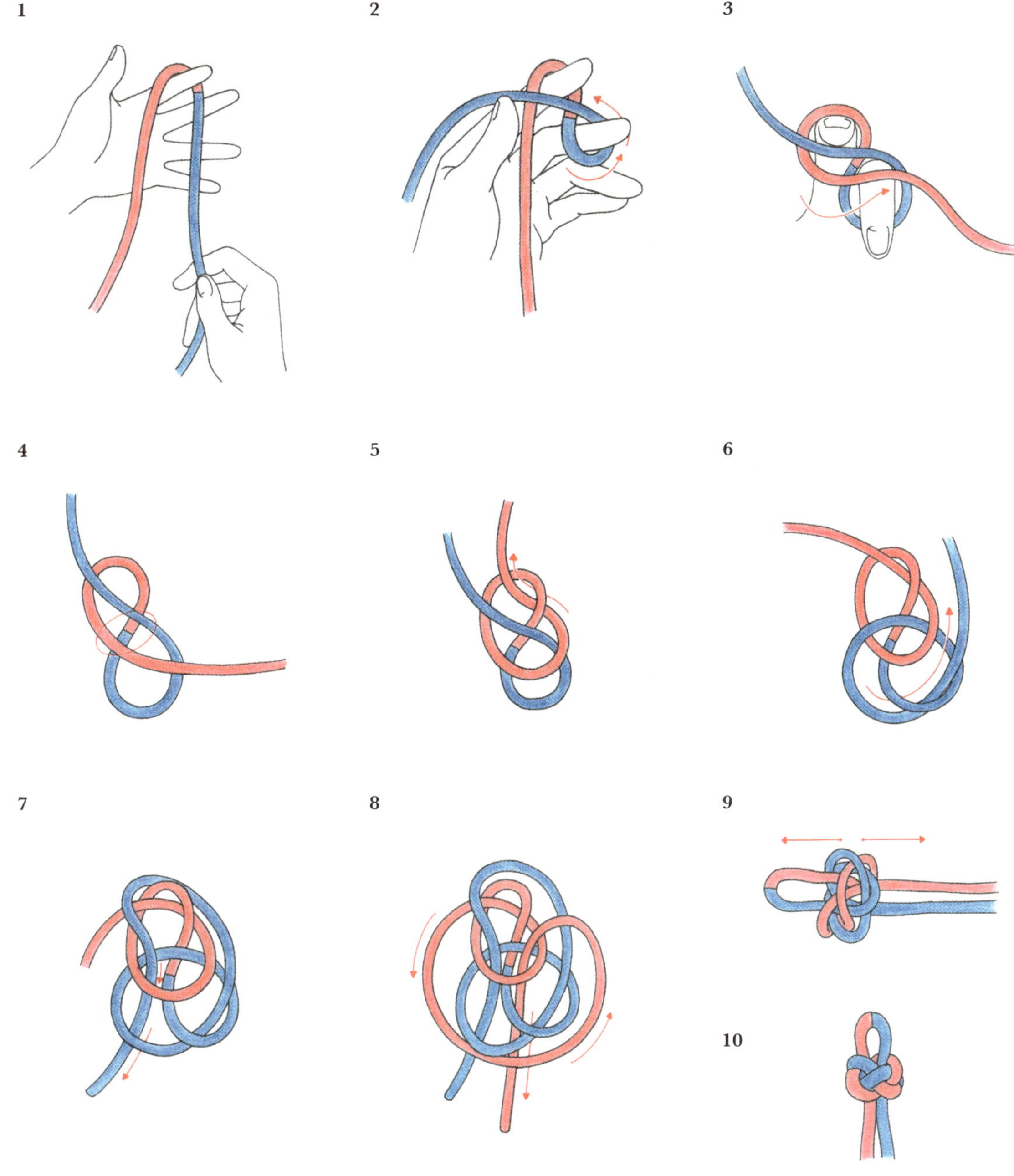
1
2
3
4
5
6
7
8
9
10

도래매듭 맺기

가장 작은 매듭으로, 매듭과 매듭 사이를 연결해주고 매듭의 시작과 끝이 풀어지지 않게 고정하는 데 많이 사용한다.

1 왼손 엄지와 검지로 끈의 중심을 잡는다.
2 아래쪽 끈을 위쪽 끈 뒤로 한 바퀴 돌려서 고를 만들고 다시 고의 앞에서 뒤로 통과시킨다.
3 통과시킨 끈을 오른쪽에 있는 끈 위로 나란히 놓는다.
4 고 오른쪽으로 나란히 놓인 끈을 쥐고 오른손 엄지로 고를 뒤쪽으로 민다.
5 한 바퀴 돌려 고를 앞쪽으로 보낸다.
6 돌린 모양을 엄지로 고정한다.
7 고정한 상태에서 아래쪽 끈을 뒤로 한 바퀴 돌려 두 고 사이로 통과시킨다.
8 끈을 당겨 먼저 만든 고를 조인다.
9 매듭 부분을 엄지로 누르면서 뒤쪽으로 민다.
10 한 바퀴 돌리고 끈을 당겨 고를 조인다.
11 단단히 잡아당겨 모양을 만든다.

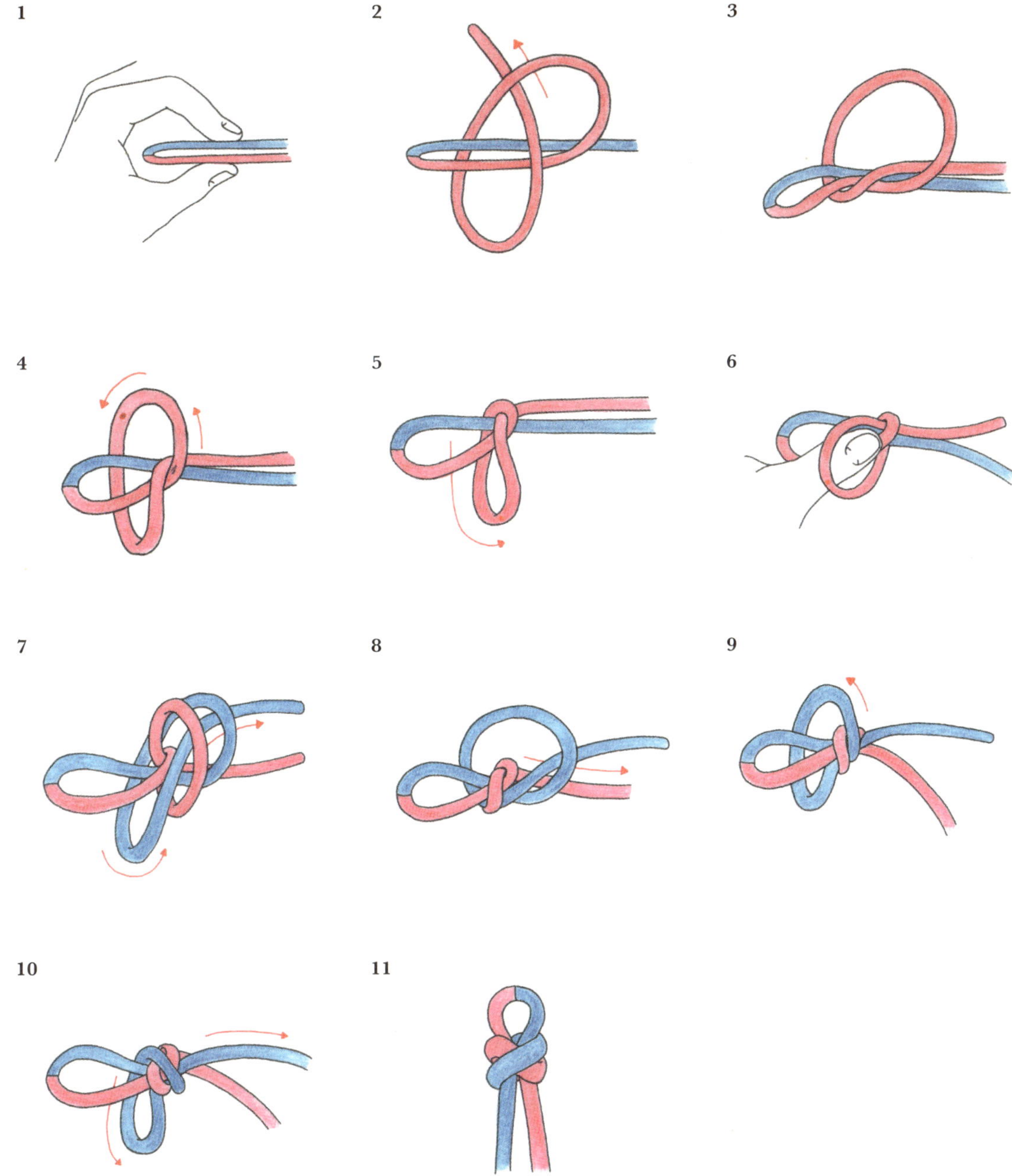
1
2
3
4
5
6
7
8
9
10
11

생쪽매듭 맺기

작은 원이 3개 있는 모습이 생강 모양과 비슷해서 붙은 이름이다.
가지방석매듭, 석씨매듭, 장구매듭, 병아리매듭 등의 기본이 된다.

1 끈의 중심에서 왼쪽으로 고를 만든다.

2 왼쪽 끈을 처음에 만든 고의 앞에서 뒤로 돌린다.

3 먼저 만든 고와 같은 크기의 고를 만들고 왼손 엄지와 검지로 고정한다.

4 오른쪽 끈을 접어 처음에 만든 고의 앞에서 뒤로 넣는다.

5 빠져나온 고에 오른손 엄지와 검지를 넣어 왼손에 잡고 있던 두 끈을 잡는다.

6 조금 위로 두 줄의 고를 빼낸다.

7 오른쪽에 있던 끈을 뒤에서 앞으로 넣는다.

8 끈을 뒤로 살짝 밀어서 생긴 1번 고리가 첫 번째 고가 된다.

9 3개의 고를 찾아 잡는다.

10 가운데를 井자 모양으로 정리한다.

11 송곳으로 고를 순서대로 조여 같은 크기로 만든다.

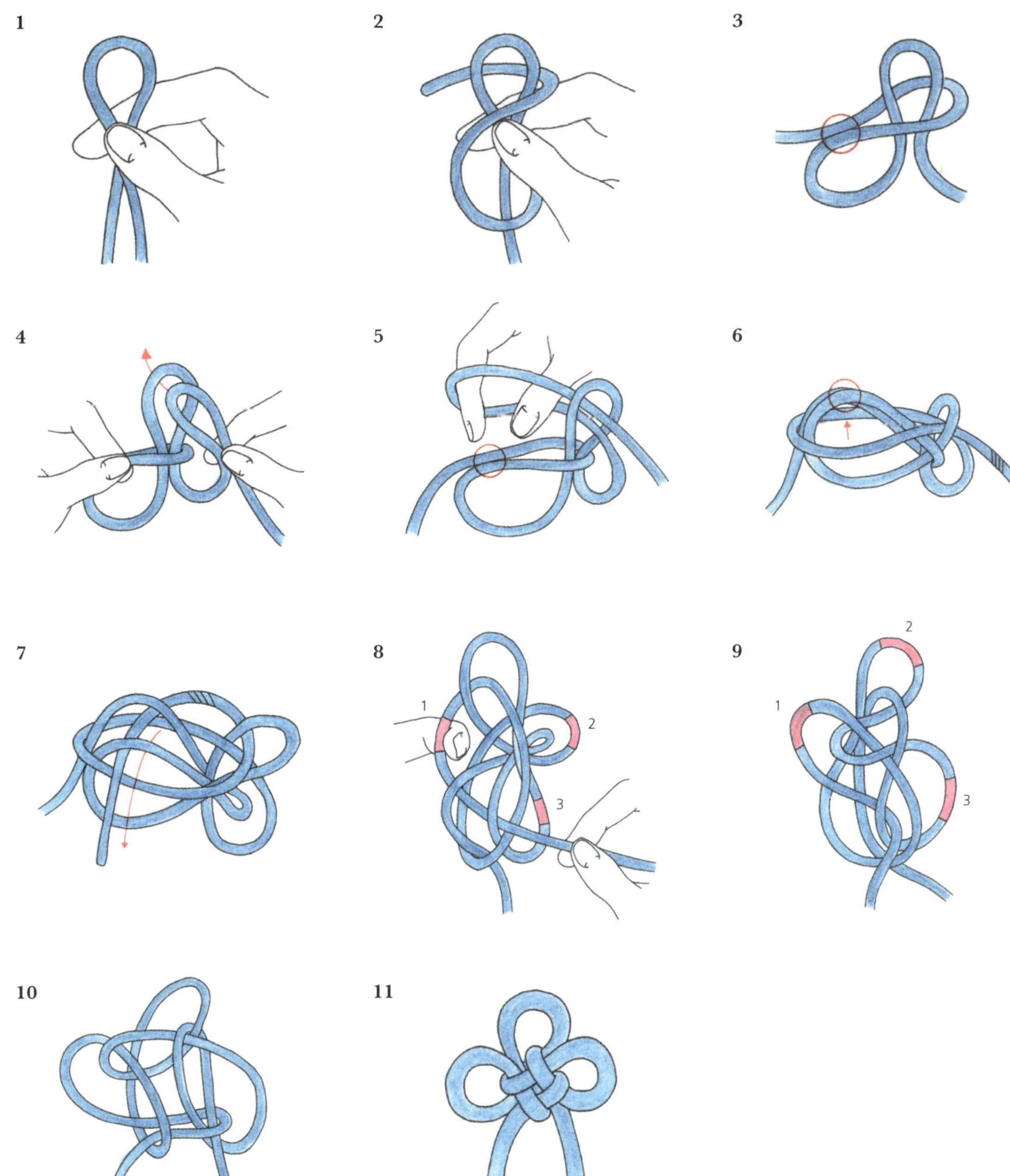
1
2
3
4
5
6
7
8
1
2
3
9
2
1
3
10
11

만들기

01 조각 목걸이

✣ 준비물

명주 조각 여러 장
끈감 명주
명주실(감침질용, 상침용)
무명실(심지용)
구슬 2개
찹쌀풀
솜 약간
광목 배접지 혹은 두꺼운 도화지

메달 만들기

1 배접지 혹은 두꺼운 도화지를 본대로 자른다. (사각형1개, 삼각형2개)
2 명주 조각을 자유롭게 배열해서 5mm 간격으로 헤라질한다.
3 헤라질한 부분을 접어서 촘촘히 감침질한다.
4 각각의 조각을 감침질로 잇고 솔기는 양쪽으로 갈라준다.
5 같은 방법으로 겉감 3장을 완성한다. 시접분을 생각해서 본보다 크게 만들어야 한다.
6 잘라놓은 배접지 위에 솜을 얇게 놓는다.
7 완성된 겉감에 배접지를 대고 시접을 1cm 남기고 자른다. 꼭지점 부분은 5mm만 남기고 잘라낸다.
8 시접 부분에 풀칠하여 배접지를 감싸듯이 붙인다.
9 폭 2cm, 길이 10cm로 재단한 명주를 폭이 5mm가 되도록 접고 감침질하여 연결끈을 만든다.
10 연결끈 길이를 4등분하여 준비한다.
11 연결끈을 배접지 뒷면에 꿰매서 고정한다.
12 뒷감은 본대로 접어 뒷면에 붙인 후 감침질한다.

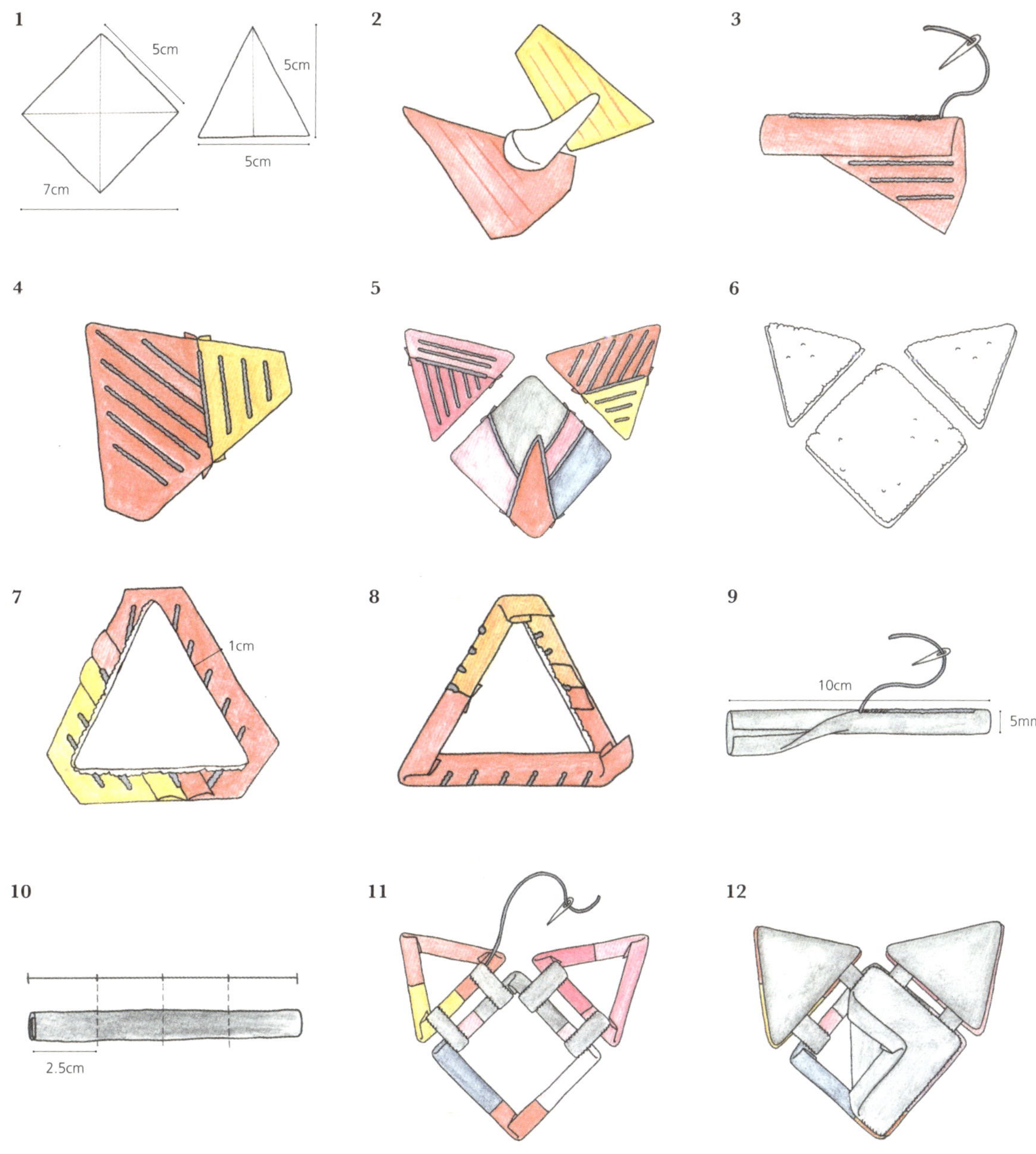
1
5cm
5cm
7cm
5cm
2
3
4
5
6
7
1cm
8
9
10cm
5mm
10
2.5cm
11
12

끈 만들기

1 검정 명주를 정바이어스로 폭 3.5×길이 42cm로 재단한다.
2 바이어스를 반으로 접어 1cm 폭으로 박음질한다.
3 심지용 무명실 여러 가닥을 바이어스 길이의 2배로 준비하고, 긴 바늘에 실을 꿰어 무명실 중심을 묶은 후 바이어스 끝을 한 땀 떠서 고정한다.
4 바늘귀 쪽을 바이어스 안으로 밀어넣어 반대쪽으로 보낸다.
5 뒤집어서 바이어스가 무명실을 감싼 형태가 되면 모양을 다듬어준다.
6 양쪽 끝에 실이 보이지 않게 송곳으로 밀어 넣고 꿰맨다.

연결하기

1 끈의 한쪽 끝에 실을 고정한 후 구슬을 통과시켜 메달의 꼭지점과 같이 꿰매고 두세 번 왕복하여 단단히 고정한다.
2 끈의 반대쪽 끝에 굵은 실로 구슬을 단다.
3 메달의 한쪽 끝, 즉 구슬을 단 곳과 반대쪽에는 실고리를 단다. 실고리에 구슬을 끼워서 착용하는 형태이며, 실고리 대신 가는 매듭끈이나 파이핑을 사용해도 된다.
4 명주를 2cm 폭으로 접어서 두땀 상침으로 장식한다.
5 끈의 끝부분을 상침한 천으로 감싼 후 감침질한다.

tip 실고리 만들기

① 바늘에 굵은 실을 두 겹으로 꿴 후 실고리 달 부분을 한 땀 떠서 고리를 만든다.
② 고리 가운데로 실을 빼서 다시 둥근 고리를 만든 후 당기는 것을 반복한다. 실고리를 1줄로 만들어 둥근 고리 모양으로 고정한다.

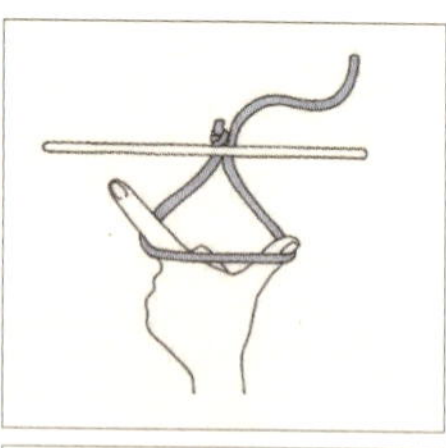

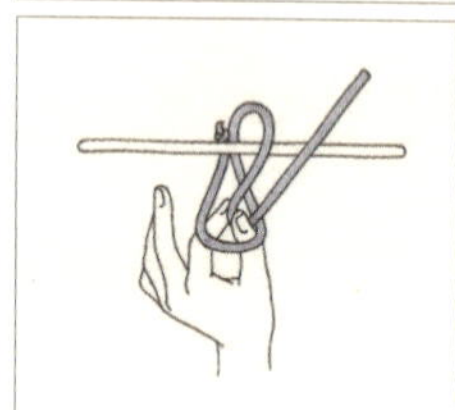

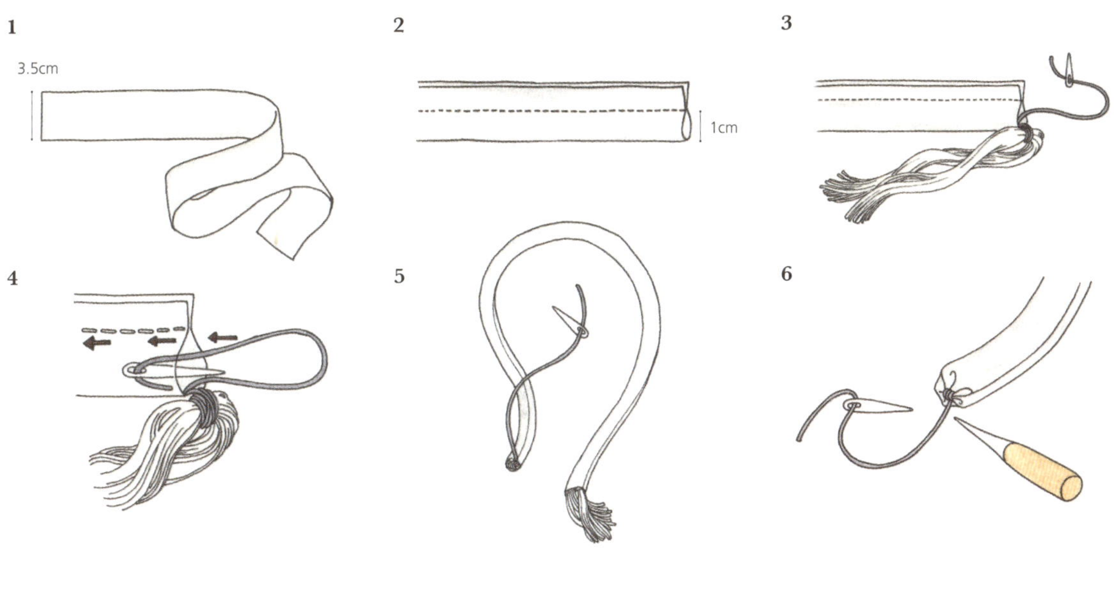
1
3.5cm
2
1cm
3
4
5
6

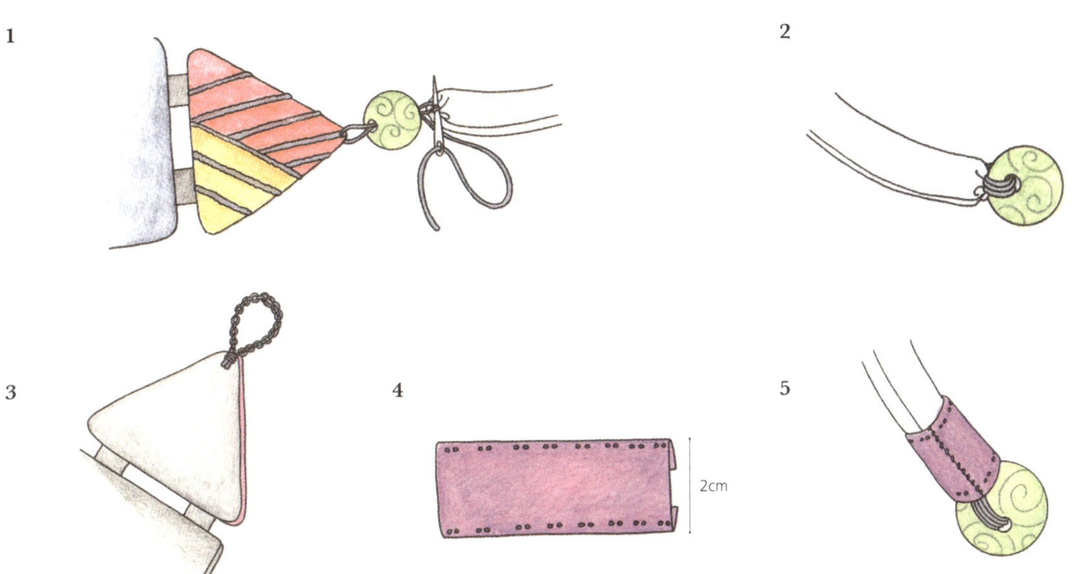
1
2
3
4
2cm
5

02 구슬 목걸이

✣ **준비물**

조각 명주 여러 장
끈감 명주 두 가지 색
명주실(감침질용, 상침용)
무명실(심지용)
구슬 7개

끈 만들기

1 끈감 명주를 3×26cm로 정바이어스 재단해서 2장을 준비한다. 다른 색 명주도 같은 크기로 2장 재단해서 총 4장의 바이어스를 준비한다.

2 바이어스를 반으로 접어 1cm 폭으로 박음질한다.

3 바이어스 2배 길이의 무명실 가운데를 묶어 바이어스 끝에 꿰맨다.

4 긴바늘을 이용하여 무명실을 바이어스와 함께 뒤집는다. (104-105쪽 참고)

5 양쪽 끝을 송곳으로 밀어 넣고 꿰매준다.

6 완성된 두 가지 색의 끈을 꼬아서 끝을 고정한다.

7 굵은 실에 구슬을 꿴다.

8 구슬 양쪽에 끈을 꿰매 하나로 연결한다.

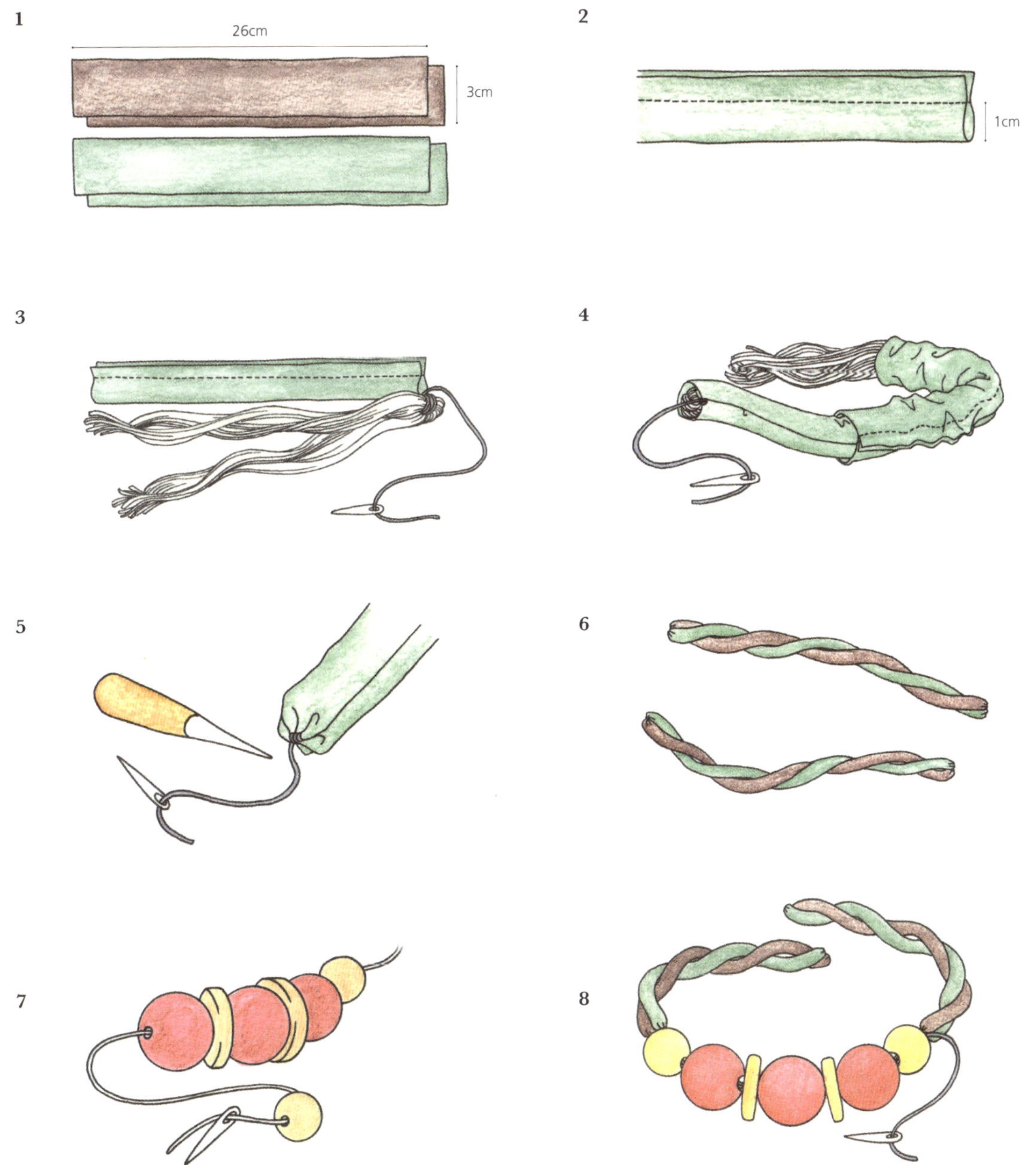
1
26cm
3cm
2
1cm
3
4
5
6
7
8

고리와 매듭 만들기

1 끈과 같은 감을 폭 4.5×길이 30cm로 바이어스 재단한다.

2 바이어스를 반으로 접고 4mm 폭으로 박음질한다. 끝부분이 살짝 넓어지도록 박아야 뒤집기가 쉽다.

3 시접이 안으로 들어가도록 밀어 넣으며 뒤집어서 파이핑을 만든다.

4 파이핑으로 고리와 연봉매듭을 만들어 끈의 양끝에 단다. (연봉매듭 맺는 방법은 94-95쪽 참고)

tip 파이핑은 끈을 뒤집어서 시접이 심지가 되게 만드는 방법 외에도 무명실을 꼬거나 시중에서 파는 파이핑용 실을 심지로 넣어 만들 수도 있다

장식하기

1 조각 명주를 작게 접어 감침질로 연결하고 세땀 상침으로 장식한다.

2 상침한 천으로 끈 양끝의 연결 부분을 감싸 감침질한다.

3 여러 색깔의 조각 명주를 5mm로 접거나 감침질로 연결한 후 상침한다.

4 상침한 천을 잘라 목걸이 끈을 장식한다.

tip 상침한 천으로 끈을 장식할 때는 천의 연결 부분이 겉에서 보이지 않아야 깔끔하므로 끈과 끈 사이로 들어가도록 넣어주고 실로 살짝 뜨거나 징거서 고정한다.

1

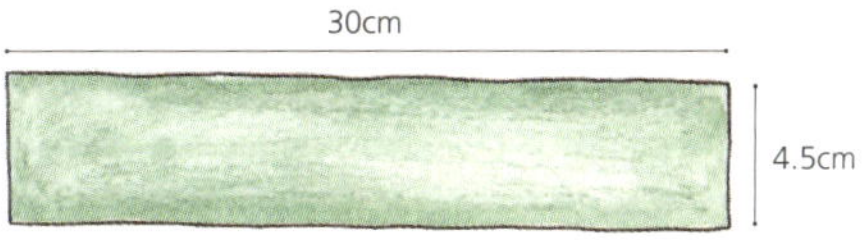

30cm

4.5cm

2

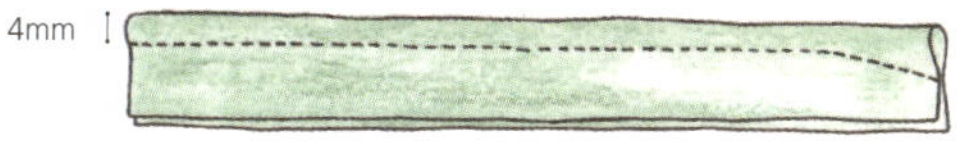

4mm

3

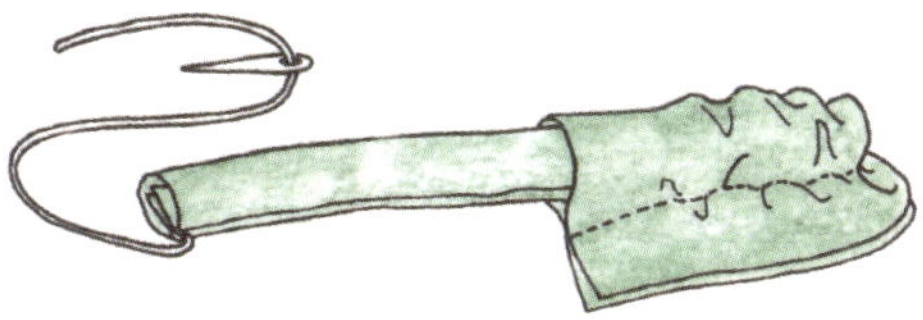

4

연봉매듭

고리

1

2

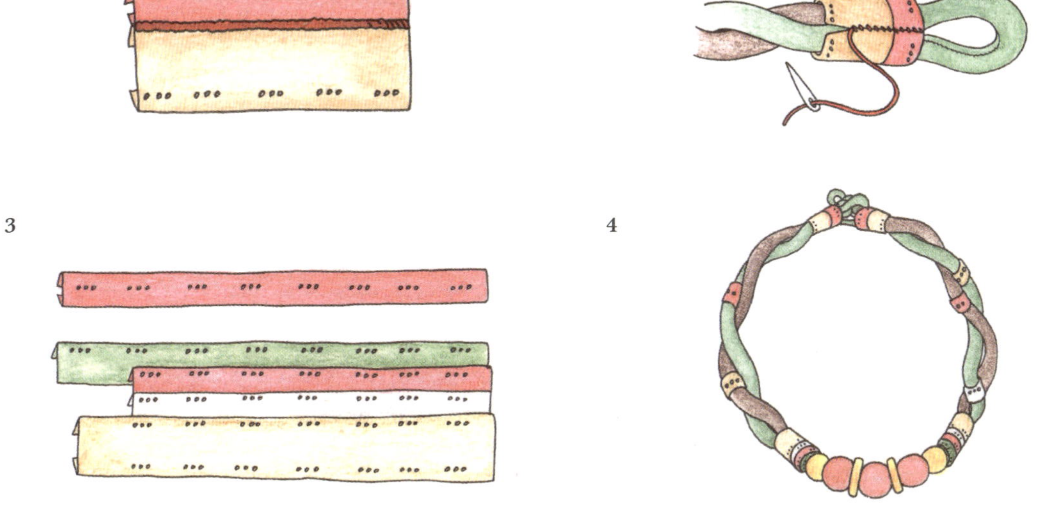

3

4

03

꽃모양 목걸이

✣ 준비물

조각 명주
끈감 명주
광목 배접지
지름 8mm 구슬 1개
작은 구슬 10개
풀, 솜

메달 만들기

1 두꺼운 도화지를 본대로 자른다. (사각형1개, 마름모꼴 1개)

2 명주 조각에 사각형 본을 대고 그린 후 사방 시접을 5mm씩 두고 마름질한다. 같은 방법으로 10장을 만든다.

3 시접을 접어서 다림질하면 한 변의 길이가 2.5cm인 정사각형이 된다.

4 다른 색의 명주 조각에 마름모꼴 본을 대고 그린 후 사방 시접을 7mm씩 두고 마름질한다. 같은 방법으로 5장을 만든 후 시접을 접어서 다림질한다.

5 정사각형 조각 5장을 감침질로 이어서 꽃 모양을 닮은 앞면을 만든다.

6 나머지 5장도 같은 모양으로 이어 뒷면을 만들되, 가운데 부분에 솜 넣을 창구멍을 남겨둔다.

7 앞면에 세땀 상침으로 장식을 한다.

8 앞면 아래쪽에 마름모꼴 조각을 한 장씩 감침질로 연결한다.

9 뒷면을 이어서 공 모양을 만든다.

10 뒷면의 창구멍으로 솜을 넣고 창구멍을 감침질하여 막아준다.

11 튼튼한 실로 앞면과 뒷면의 중심, 각 모서리를 마주 꿰매고 잡아당긴 후 구슬을 단다.

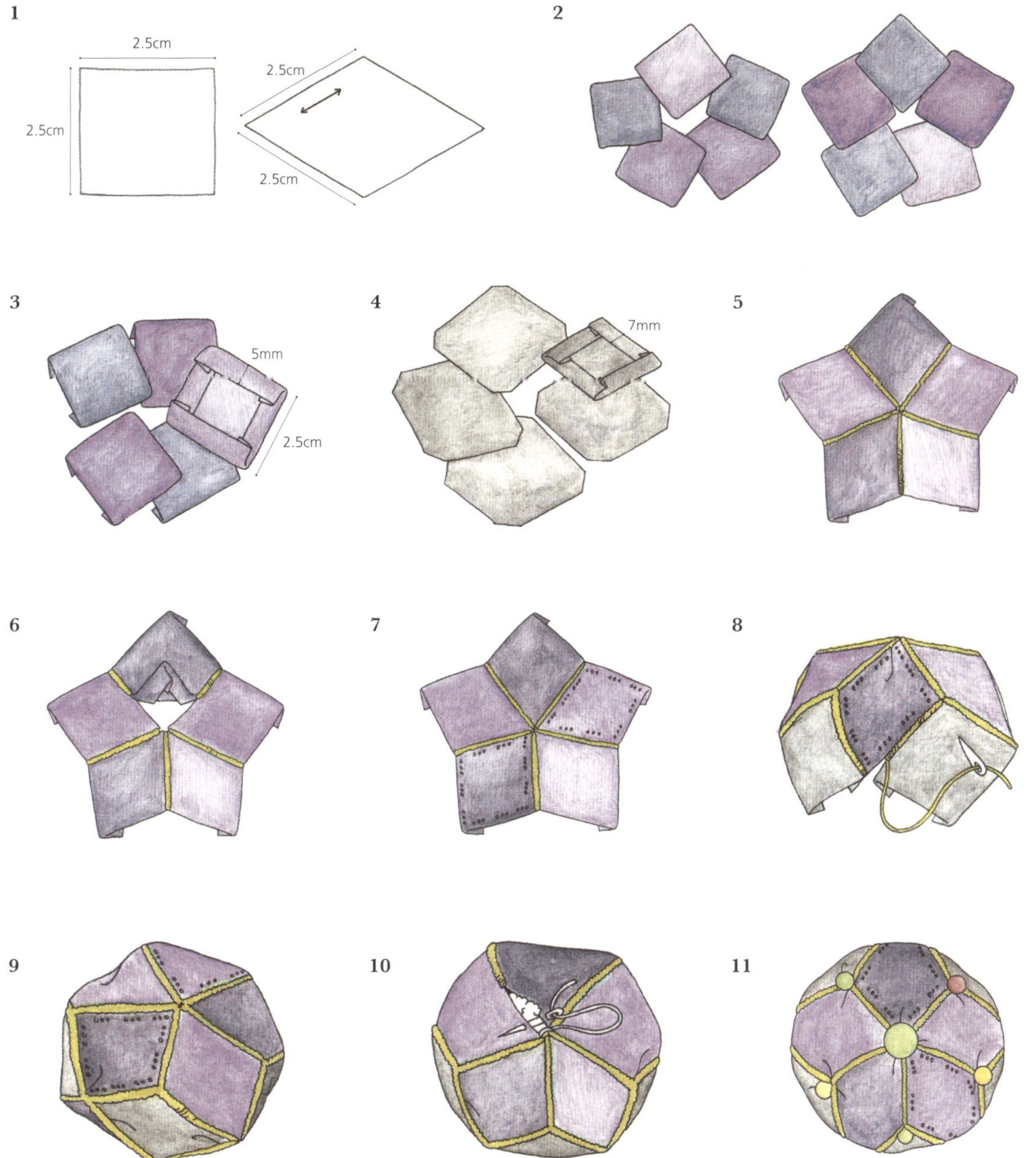

1
2.5cm
2.5cm
2.5cm
2.5cm
2
3
5mm
2.5cm
4
7mm
5
6
7
8
9
10
11

끈 만들기

1 끈감 명주를 폭 4×길이 100cm로 정바이어스 재단한다.
2 배색감이 들어갈 위치를 정해 끈을 자르고, 배색감 양옆의 시접을 접어서 끈과 배색감을 감침질로 연결한다.
3 끈을 겉끼리 맞닿게 반으로 접은 후 가운데에 창구멍을 남겨두고 1cm 폭으로 박음질한다.
4 양쪽 끝은 제비부리로 접어 박음질한다.
5 끈과 같은 길이의 무명실을 적당한 두께로 준비해서 끈의 양쪽 끝부분에 꿰맨 후, 창구멍을 통해 뒤집어준다.
6 공그르기로 창구멍을 막아 끈을 완성한다.

tip 제비부리 만들기
1cm 폭으로 박음질한 끈을 다시 5mm로 반 접어 끝쪽을 박음질한 후 뒤집는다. 여기서는 시접이 한쪽 끝으로 가는 게 아니라 중앙으로 오도록 하고 시접을 양쪽으로 가른 후 반으로 접어야 한다.

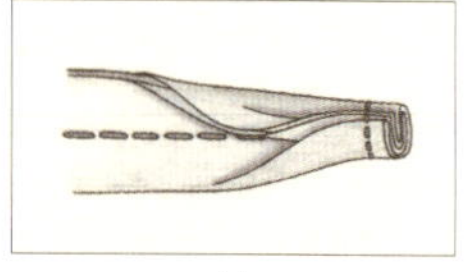

×

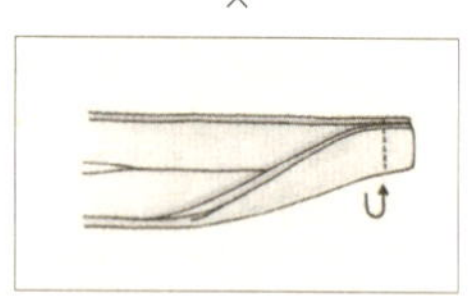

○

연결하기

1 광목 배접지를 2×3cm 크기로 자른다.
2 끈과 같은 감으로 배접지를 싸서 풀로 붙인다.
3 배접지를 메달 뒷면에 꿰맨다.
4 배접지로 끈을 감싸서 감침질한다.

tip 끈을 연결하지 않고 메달만 만들어 바늘꽂이로 사용해도 좋다.

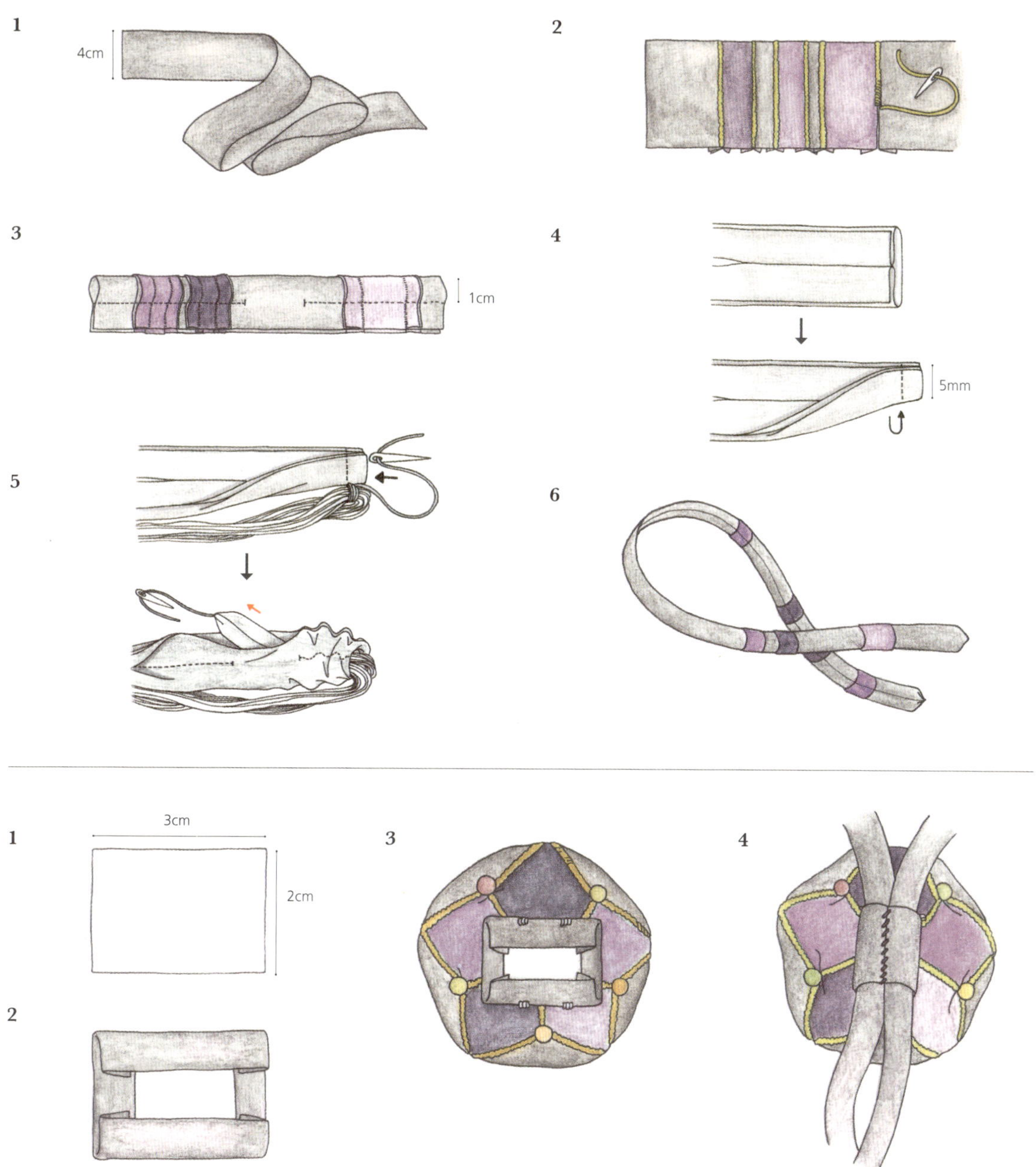
1
4cm
2
3
1cm
4
5mm
5
6
1
3cm
2cm
2
3
4

04 조각 브로치

✣ 준비물

명주 또는 비단 조각
두꺼운 도화지
명주실
솜 약간
브로치 프레임
풀, 접착제

tip 프레임을 사용하지 않을 경우
① 겉감과 어울리는 색의 천으로 가는 파이핑을 만들어 5번 둘레에 바느질한다.
② 겉감보다 약간 작게 자른 도화지에 안감을 싸서 붙인 후 옷핀을 꿰매어놓는다.
③ 안감을 겉감 뒤쪽에 바느질로 고정한다.

만들기

1 도화지를 프레임보다 2mm 작게 자른다. (각자 준비한 프레임 크기에 맞춰야 하므로 따로 본을 제시하지 않았다.)

2 조각천을 자유롭게 배열해서 고운 감침질로 잇는다.

3 도화지를 대고 프레임 모양을 따라 그린 후 시접 1cm를 남기고 재단한다.

4 도화지 위에 솜을 얇게 놓는다.

5 시접 부분에 가위밥을 준 후 뒷면에 풀로 붙여준다.

6 천 배접지를 본대로 잘라 뒷면에 붙인다. (천 배접지 만드는 방법은 88-89쪽 참고)

7 프레임에 접착제를 바르고 고정시켜 완성한다.

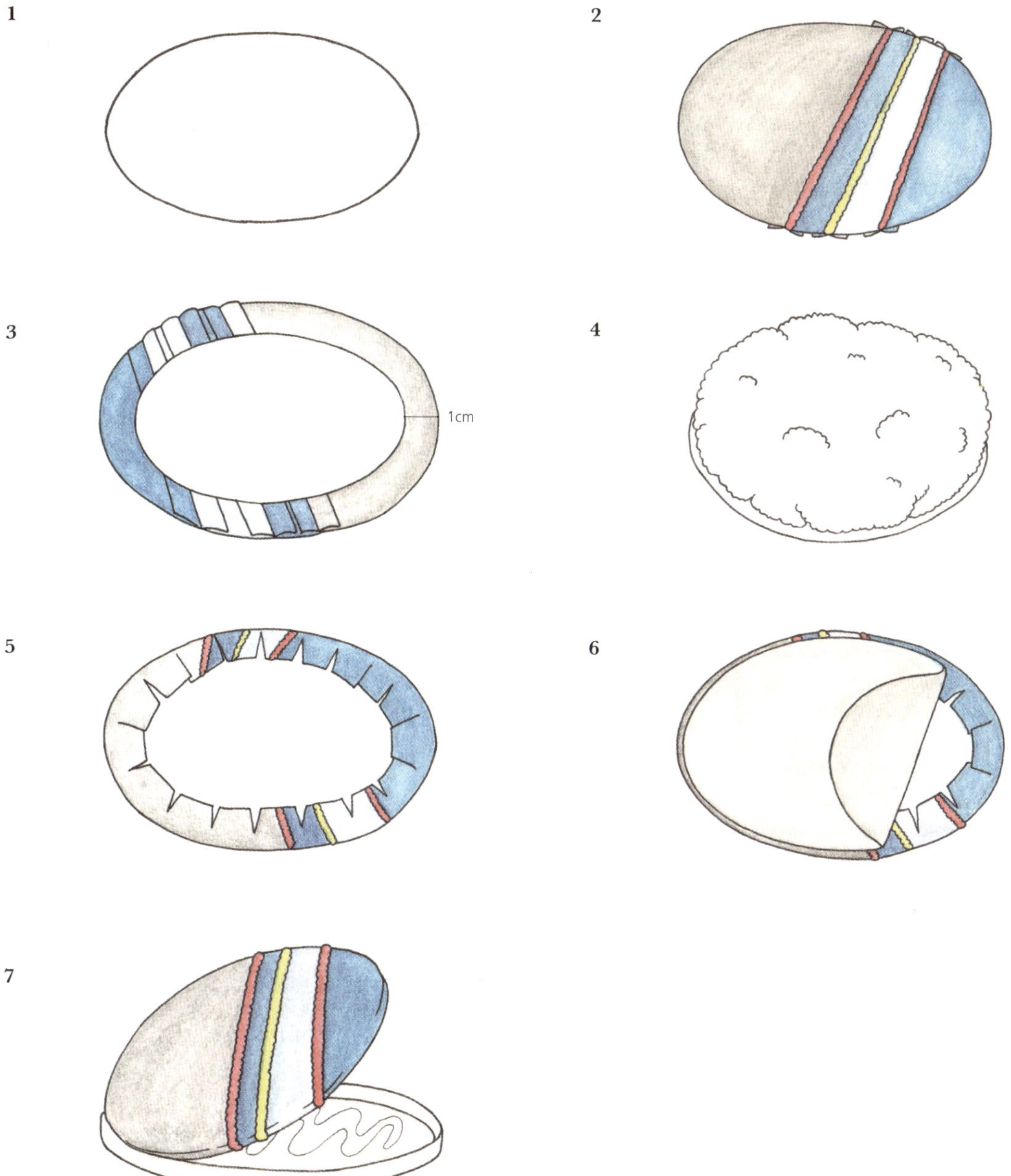
1
2
3
1cm
4
5
6
7

05 색동 머리띠

✣ 준비물

명주 조각 여러 장
(크기와 색깔 다양하게 준비)
광목 배접지
명주실(감침질용, 상침용)
머리띠(폭 1.5cm)
찹쌀풀, 솜

리본 만들기

1 광목 배접지를 본대로 자른다.
2 조각천을 감침질로 연결하여 앞판을 만들되 시접 양을 고려하여 본보다 1cm 정도 커지게 잇는다.
3 앞판 시접에 가위밥을 준 후 솜을 얇게 올려놓은 배접지를 감싸 풀로 붙인다.
4 뒤판은 본보다 1mm 작게 그리고 시접을 1cm 두어 재단한다.
5 시접에 가위밥을 주고 완성선을 따라 접어서 다림질한다.
6 앞판과 뒤판을 풀로 붙이고 가장자리는 감침질한다.
7 리본 양쪽 끝을 마주 대서 가운데 부분을 감침질로 연결한다.

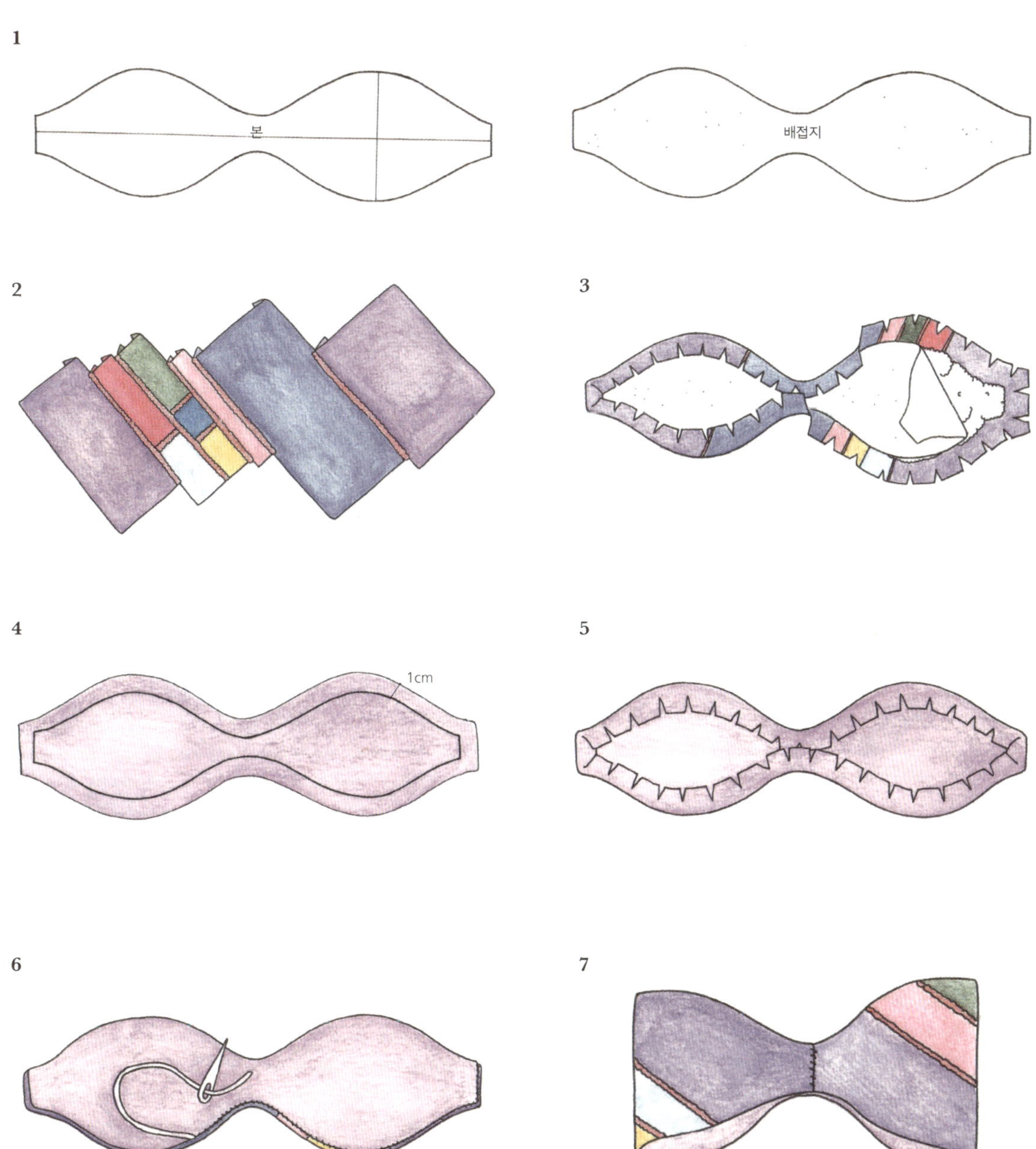
1
본
배접지
2
3
4
1cm
5
6
7

머리띠 장식하기

1 머리띠 폭의 2배로 천을 재단한다.
2 원하는 위치에 조각천을 배색해서 감침질로 잇는다.
3 머리띠 폭과 같게 접은 후 두땀 상침으로 장식한다.
4 머리띠에 풀로 붙이고 양쪽 끝은 상침한 천으로 감싸 안쪽에서 꿰매준다.

tip 끈을 조각천으로 장식할 때는 먼저 조각천이 들어갈 위치를 정해 끈을 자른 다음, 조각천 양옆의 시접을 접어서 감침질로 연결한다.

리본 달기

1 머리띠의 적당한 위치에 리본을 굵은 실로 묶어 고정한다.
2 1.5×2cm로 배접지를 재단한다.
3 배접지를 천으로 감싸 풀로 붙인다.
4 리본 묶은 부분을 감싸서 안쪽에서 튼튼하게 꿰매준다.

1

2

3

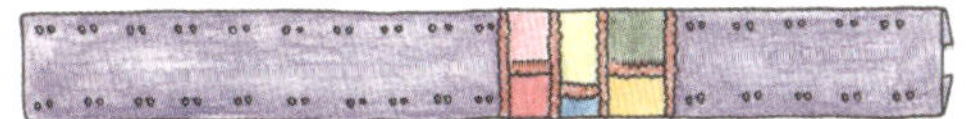

4

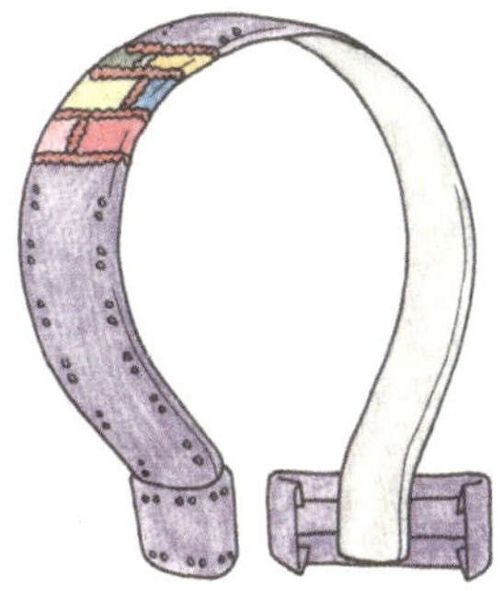

1

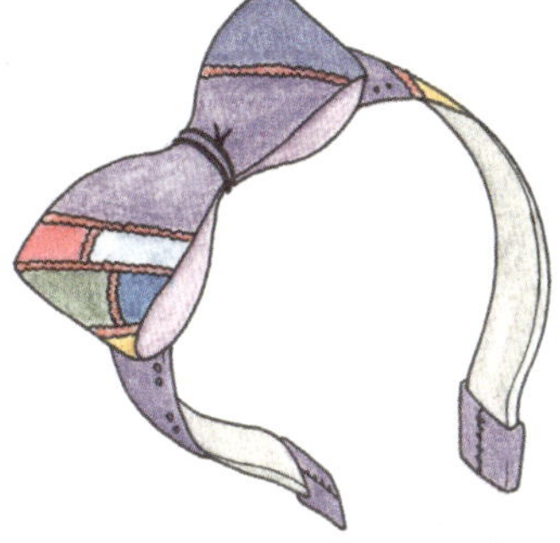

2

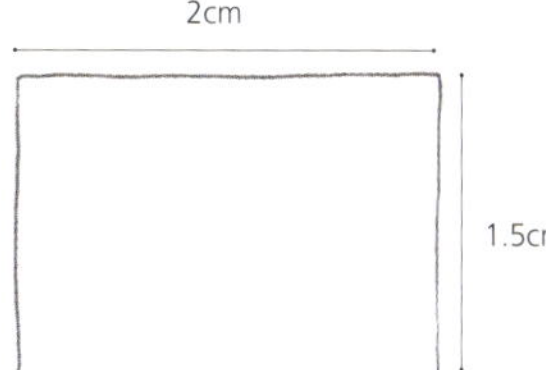

3

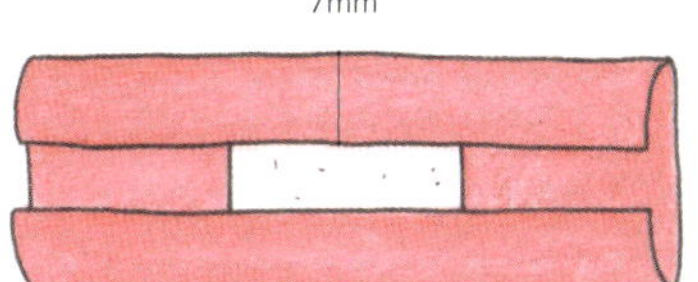

4

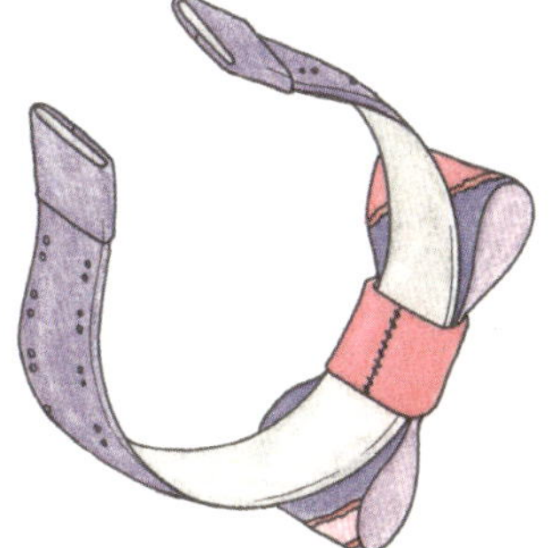

06 나뭇잎 머리띠

✣ 준비물

명주 또는 양단
광목 배접지
헝겊 배접지
머리띠
명주실(감침질용)
찹쌀풀, 솜

만들기

1 광목 배접지에 나뭇잎 모양의 본을 그려 재단한다. (광목 배접지 만드는 방법은 88쪽 참고)

2 명주를 본대로 재단하고 잎맥 모양을 따라 헤라질한다.

3 고운 감침질로 잎맥을 표현한다.

4 시접에 가위밥을 주고 솜을 얇게 놓은 배접지를 감싸서 풀로 붙인다.

5 헝겊 배접지를 본보다 1mm 작게 오려서 뒷면에 풀로 붙인다.

6 머리띠 1/3 지점에 첫 번째 잎사귀를 실로 묶어서 고정한다.

7 잎사귀의 윗부분도 안쪽에서 꿰매어 고정한 후 매듭에 풀칠을 한다.

8 두 번째 잎사귀는 첫 번째 잎사귀와 살짝 겹치도록 놓고 같은 방법으로 위아래를 고정한다.

9 마지막 잎은 안쪽에서 꿰매어 고정하고 다른 잎과도 꿰매서 튼튼하게 고정한다.

1

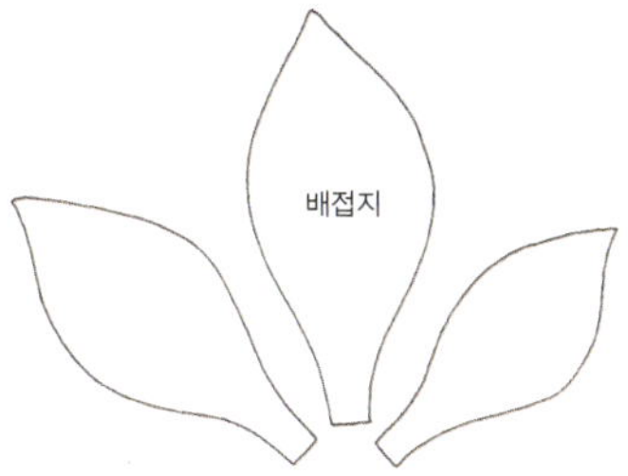

배접지

2

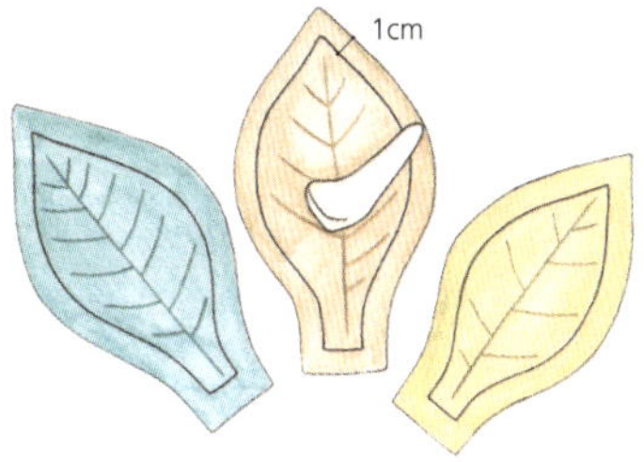

1cm

3

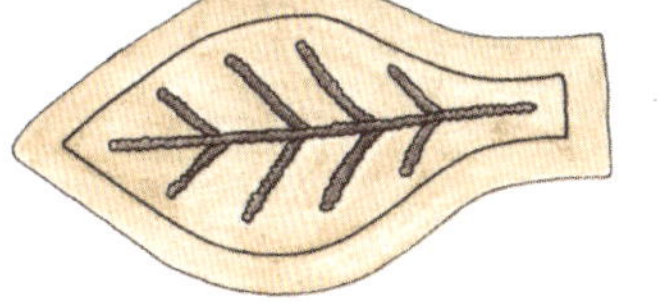

4

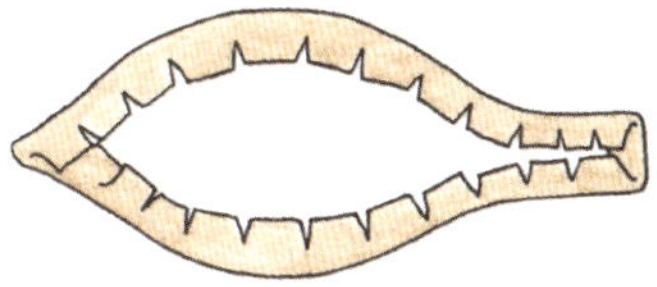

5

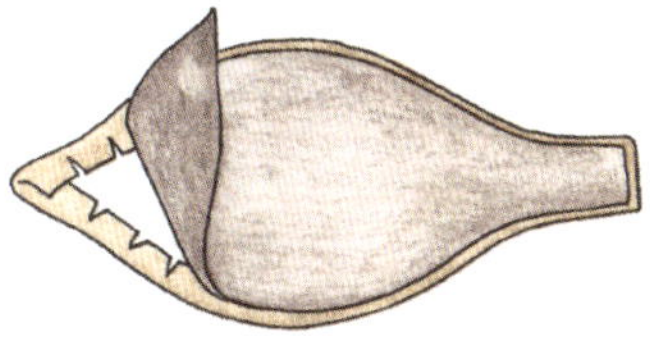

6

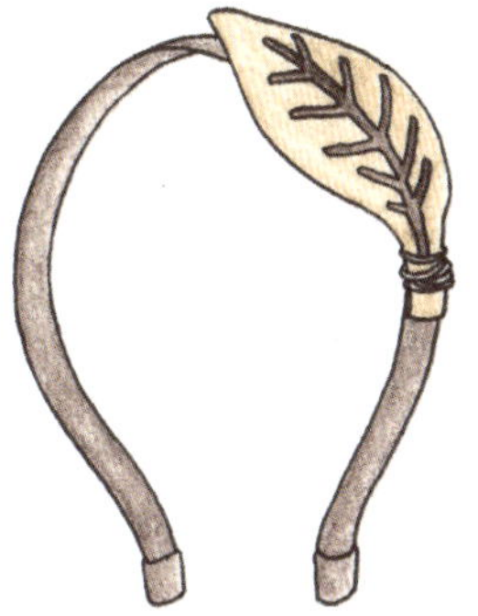

7

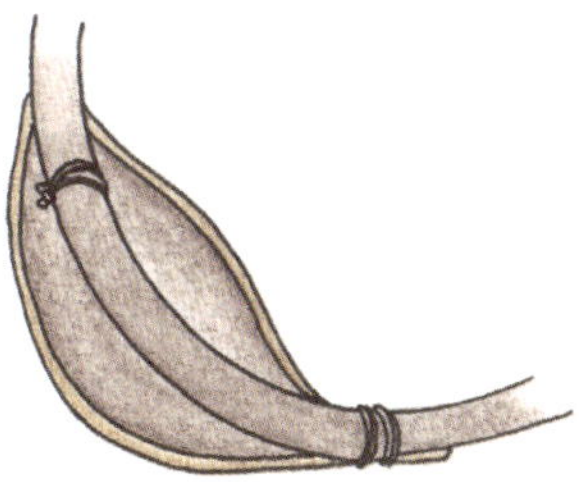

8

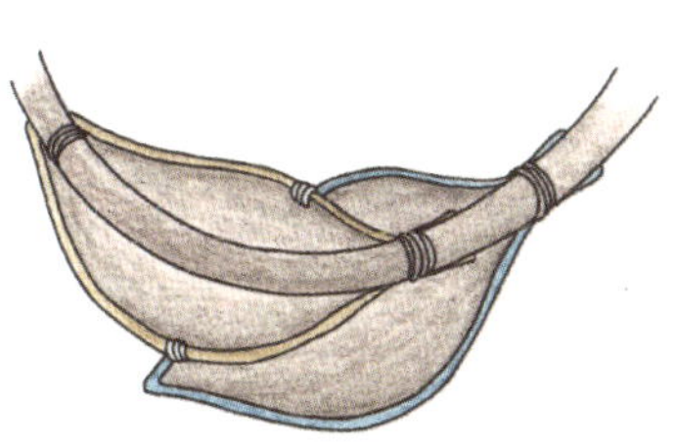

9

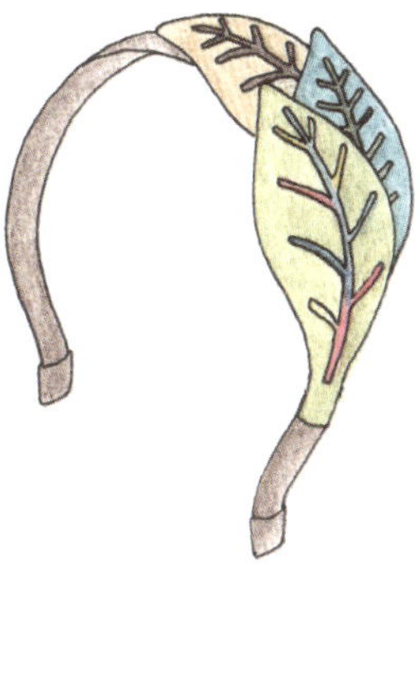

07 바늘집 노리개

✣ 준비물
명주(4가지 색, 각 7×7cm)
양단(2가지 색, 각 6×12cm)
갑사
광목 배접지
명주실(감침질용, 자수용)
금사
솜, 찹쌀풀
섬유용 먹지(흰색)

tip 풀이 완전히 마르면 딱딱해져서 사뜨기가 힘들어진다. 따라서 먼저 몸통에만 풀칠해서 붙이고 마르기 전에 사뜨기를 끝낸 다음, 뚜껑을 붙이고 사뜨기를 하는 것이 좋다.

몸통 만들기

1 여러 색의 명주 조각에 먹지를 대고 몸통과 뚜껑 본의 완성선과 수 도안을 함께 옮겨 그린다. (몸통 2장, 뚜껑 2장)

2 수 도안을 따라 금사로 박음질한다.

3 완성선을 따라 노랑, 꽃분홍, 연두, 연분홍 순으로 나란히 이음수를 놓아 겉감을 완성한다. (이음수 놓는 방법은 86-87쪽 참고)

4 광목 배접지를 본대로 2장씩 자른다.

5 안감은 배접지보다 2mm씩 작게 시접 없이 재단한다.

6 겉감은 시접을 1cm로 자르고 둘레를 따라 가위밥을 준다.

7 배접지 위에 솜을 약간 놓아 겉감에 올려놓은 후 시접에 풀칠하여 붙인다.

8 갑사를 폭 2×길이 20cm로 재단한 후 폭이 5mm가 되도록 접고 감침질하여 윗끈을 만든다.

9 몸통의 입구 부분 안쪽에 윗끈을 꿰맨다.

10 몸통과 뚜껑 겉감에 안감을 풀로 붙인다.

11 몸통을 마주 대고 수실로 사뜨기를 해서 연결한다. 2/3 정도 사뜨기를 했을 때 안쪽에 솜을 넣고 다시 사뜨기한다. (사뜨기 하는 방법은 86-87쪽 참고)

12 몸통에 달린 윗끈이 사이를 통과하도록 뚜껑을 마주 대고 양옆을 사뜨기한다.

알고가기 | 바늘집 노리개

바늘을 몸에 지니고 다니기 위해 필요했던 바늘집 노리개는 실용성과 장식성을 함께 가지고 있다. 바늘집은 뚜껑을 열고 바늘을 꽂아 보관할 수 있도록 위아래가 분리되어 여닫을 수 있게 만들었다. 바늘집 아랫부분에는 머리카락을 채워 바늘이 녹슬지 않게 했다.

1
뚜껑
몸통
2
3
4
5
6
1cm
7
8
20cm
2cm
5mm
9
10
11
12

끈 만들기

1 양단에 먹지를 대고 끈 본의 완성선과 수 도안을 함께 옮겨 그린다.

2 천과 반대 색상의 실로 수 도안을 따라 박음질한다.

3 끈의 상단과 하단 색상을 반대로 하여 감침질로 잇는다. (앞면, 뒤면)

4 시접을 1cm로 자른 후 곡선 부분 시접에 가위밥을 주고 안쪽으로 꺾어서 다림질한다.

5 앞면과 뒤면을 겉끼리 맞대고 심지로 광목 두 겹을 댄 후 위쪽을 제외하고 완성선을 따라 박음질한다.

6 시접을 꺾어 다림질하고 모서리 부분의 시접을 한 땀씩 꿰매어 고정한다.

7 위쪽으로 뒤집은 후 감침질한다.

8 끈을 몸통 중심에 잘 맞추어 자리를 잡고 감침질로 연결한다.

9 끈 둘레를 따라 술을 달아서 완성한다.

tip 광목 심지는 완성선보다 2mm 작게 재단해서 대도 되고, 심지도 시접 부분까지 재단해서 완성선을 따라 함께 박아도 된다.

술 만들기

1 술을 달 곳을 먼저 한 땀 꿰맨다. (술 만드는 방법은 92-93쪽 참고)

2 그 자리를 한 번 더 꿰매어 고리를 만든다.

3 색색의 수실을 5cm 길이로 가지런히 접어 만들어둔 고리 사이에 넣고 두 번 꿰맨다.

4 수실을 모아 잡고 바늘을 아래에서부터 넣어 5mm 위로 빼낸다.

5 실을 빼낸 위치를 3~4회 감는다.

6 실이 감긴 부분을 아래에서 위쪽으로 두세 번 꿰맨다.

7 마지막으로 바늘을 실 사이로 빼낸 후 자른다.

8 술 모양으로 잘라 가지런히 다듬는다.

1

2

3

4

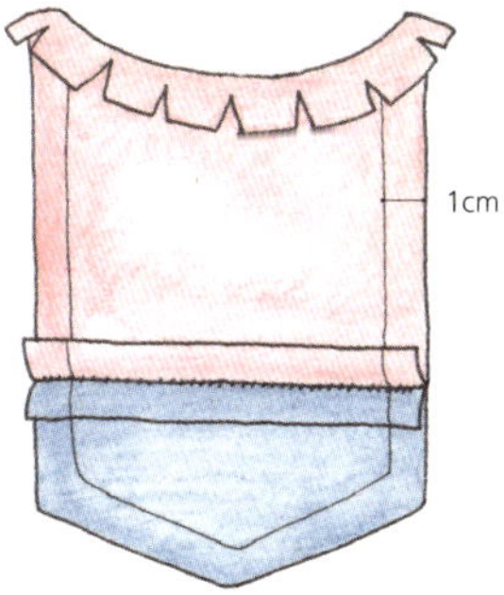

1cm

5

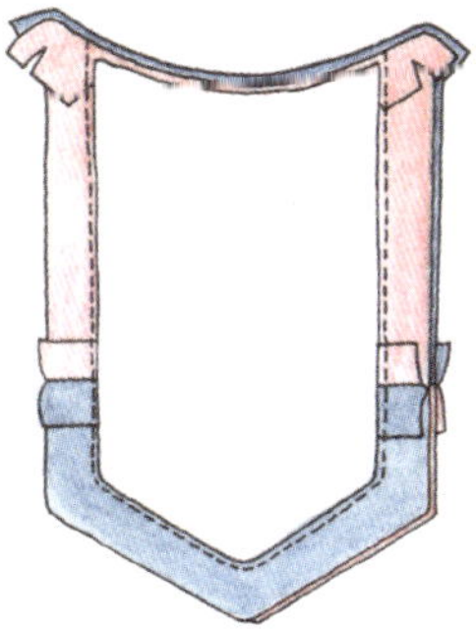

6

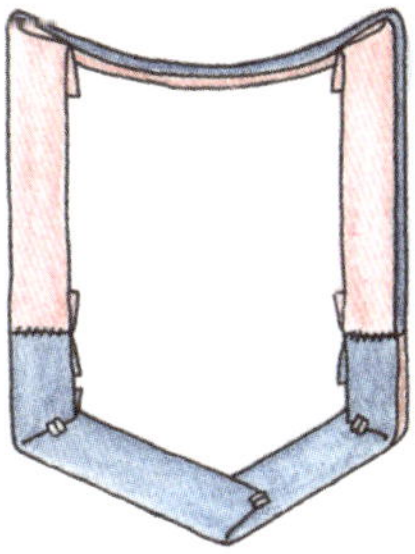

7

8

9

08
자라줌치 노리개

✣ **준비물**

명주 또는 양단
갑사
명주실(감침질용)
구슬
솜
매듭끈

자라줌치 만들기

1 자라줌치 본을 뜬다.
2 조각천을 감침질로 잇는다. 본에 제시된 모양을 그대로 따르지 않고 자유롭게 해도 되며 앞면이 될 부분은 조각을 많이 내는 것이 예쁘다.
3 완성된 겉면에 본을 대고 그린 후 시접 7mm로 재단한다.
4 완성선을 헤라질한 후 꺾어 다린다.
5 안감은 겉감보다 2mm 작게 그리고 완성선을 따라 헤라질한 후 다려준다.
6 안감을 겉감 안쪽에 대고 공그르기한다.
7 ①→②→③의 순서대로 접은 후 맞닿는 부분을 공그르기로 연결한다.
8 밑부분은 중앙에 매듭끈이 들어갈 부분을 남기고 공그르기한다.
9 안쪽에 솜을 약간 넣는다.
10 반으로 접는다.
11 양쪽 모서리를 뒤로 젖혀 맞닿게 한 뒤 꿰맨다.

알고가기 | 자라줌치
윗부분은 자라목처럼 가늘게 조이고 아래는 넓게 퍼지게 해서 자라 모양으로 만들어 수놓은 향낭의 일종이다. 아래쪽에 긴 술을 달아 늘어뜨려 옷 색깔과 조화를 이루도록 치장했다.

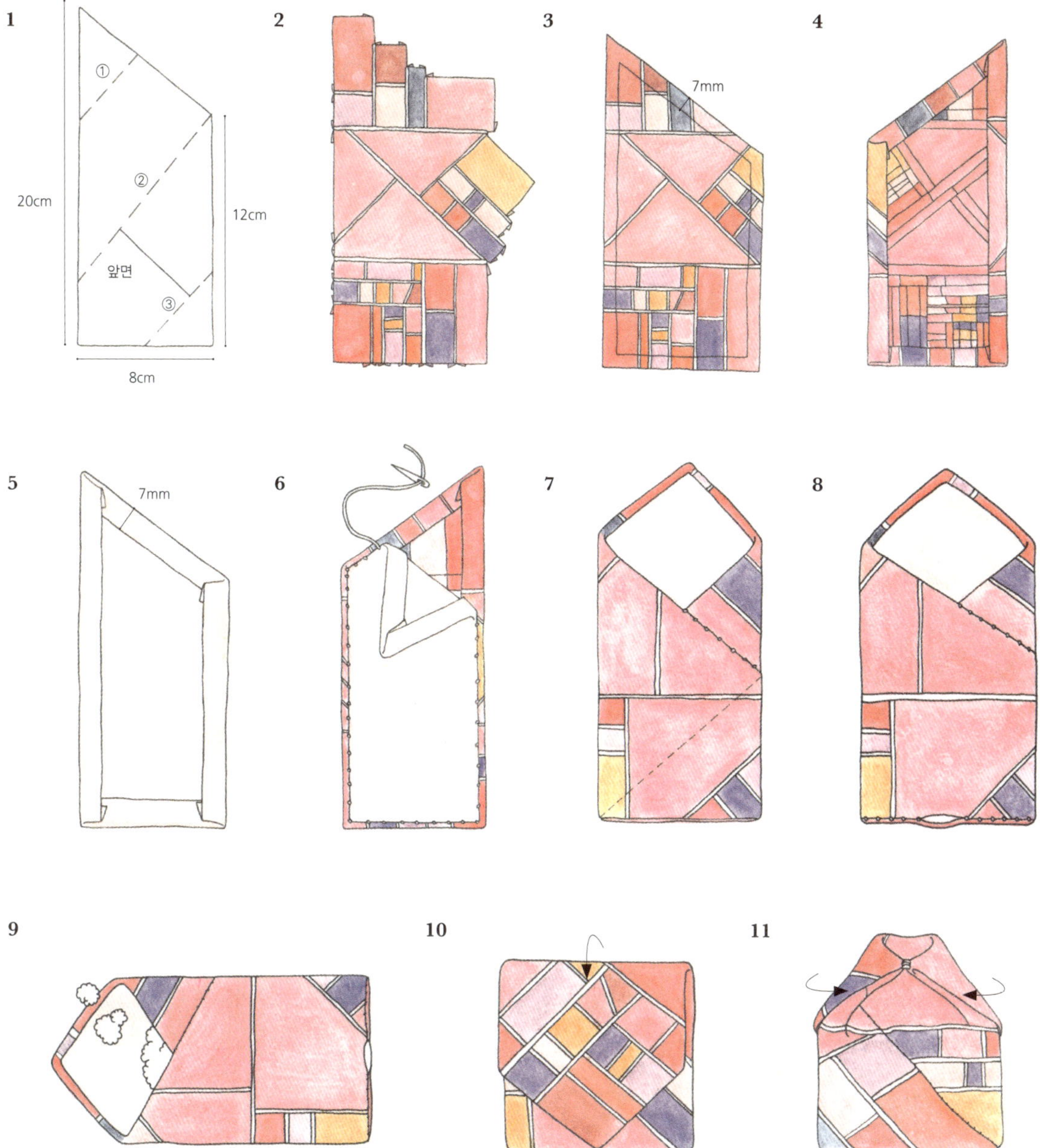
1
①
②
20cm
12cm
앞면
③
8cm
2
3
7mm
4
5
7mm
6
7
8
9
10
11

끈 만들기

1 소색 양단과 주홍 양단을 각각 폭 6×길이 38cm로 재단한다.
2 반으로 접어서 다림질한다.
3 시접을 5mm씩 헤라질하고 안쪽으로 접어 넣어 다려준다.
4 폭 2.5×길이 37cm가 되도록 시침질을 한다.
5 둘레를 따라 감침질을 한다.
6 소색 양단이 겉에 오도록 겹쳐 잡고 반으로 접은 후 접힌 부분을 꿰매준다.

tip 겉에 오는 소색 양단을 3mm 정도 길게 만들면 접었을 때 주홍 양단과 길이가 같아져 모양이 예쁘다.

연결하기

1 송곳으로 끈의 중간 부분에 구멍 2개를 뚫고 위에서 매듭끈을 넣어 다시 위로 빼낸 후 도래매듭을 맺는다.
2 매듭끈을 자라줌치 밑에서 위로 통과시킨다.
3 위쪽에서 간단한 매듭, 예를 들면 도래매듭이나 생쪽매듭을 맺어 완성한다. (매듭 맺는 방법은 96-99쪽 참고)

tip 매듭끈에 구슬을 꿰어 장식 효과를 더해도 좋다.

알고 가기 | 노리개

노리개는 조선시대 여자의 저고리 고름이나 치마허리에 달아 옷차림을 더욱 돋보이게 하던 장신구이다. 장신구이지만 실용적인 목적을 겸한 것도 많았으며 액을 물리치거나 복을 부르는 길상의 뜻도 있었다. 노리개 장식으로는 비취, 산호, 호박, 진주, 옥 등을 애용하였으며, 비단에 곱게 수를 놓아 향주머니나 괴불을 만들고 여기에 매듭과 술을 더해 노리개 삼아 차기도 했다.

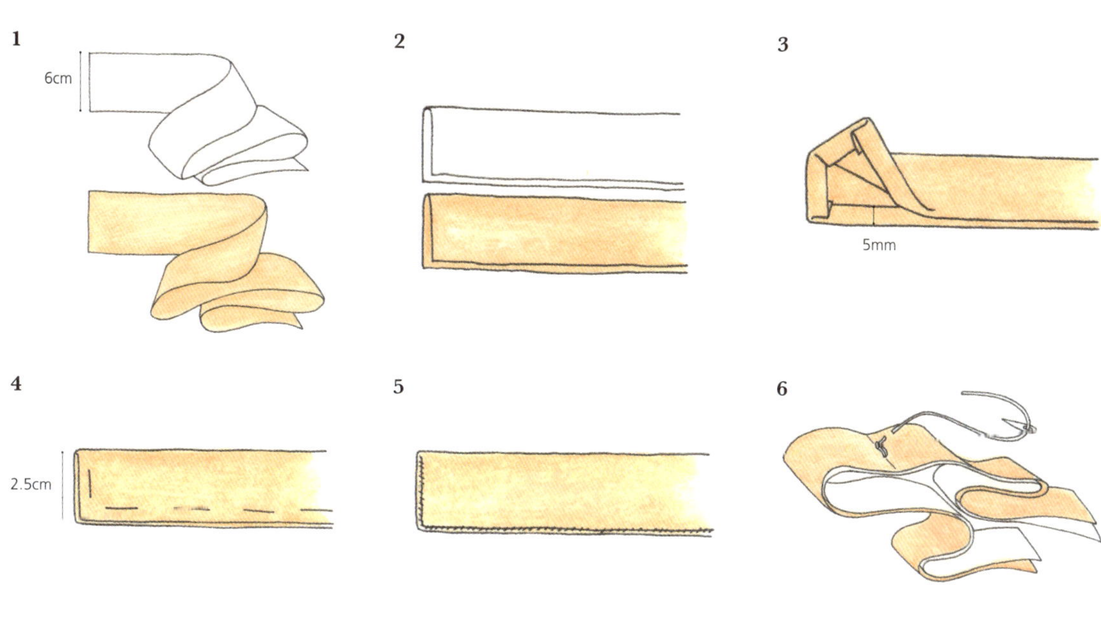
1
6cm
2
3
5mm
4
2.5cm
5
6

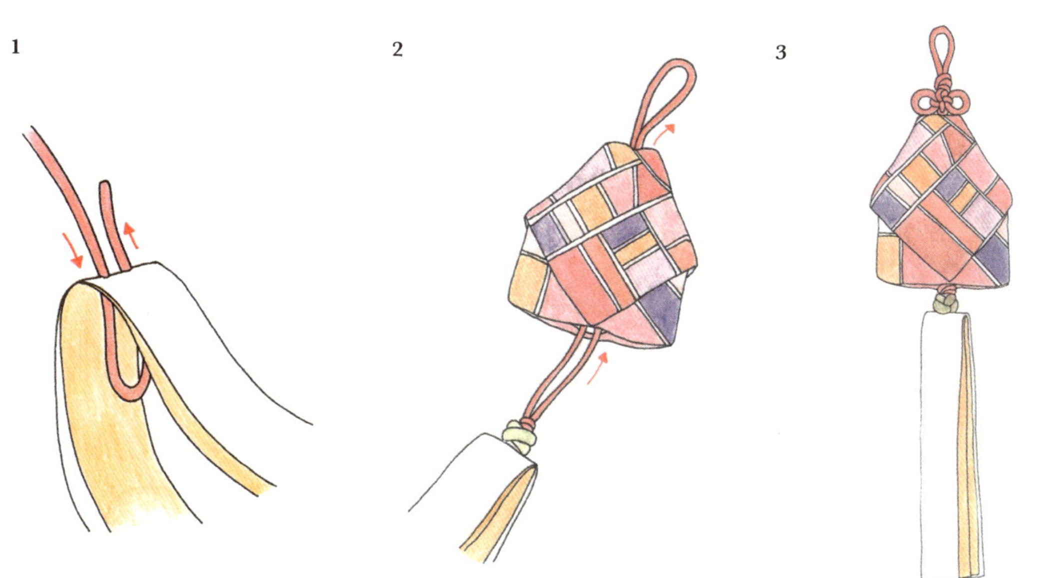
1
2
3

09

양털 아기 볼끼

✣ 준비물

겉감용 명주(검정 12×24cm,
초록 5.5×40cm 2장, 분홍17×25cm)
안감용 얇은 명주
견봉사(실크사)
목화솜
양털

tip 누비를 쉽게 하기 위해서는 겉감과 안감의 씨줄을 맞추는 것이 중요하다. 이를 위해 안감에 기준이 되는 한 올을 튕겨 겉감의 올 튕긴 선과 맞추어 핀을 꽂고 나머지 부분은 편하게 맞추어놓고 마름질을 한다.

귀마개 만들기

1 귀마개 본을 뜬다.
2 분홍 명주의 올을 7mm 또는 5mm 간격으로 튕긴다.
3 올을 튕긴 명주에 본을 대고 겉감 2장을 그린다.
4 안감에도 한 올을 튕겨놓는다.
5 겉감과 안감의 올을 맞추어 맞대고 시침핀을 꽂는다.
6 완성선의 바깥쪽을 시침한다.
7 완성선을 따라 같은 색의 견봉사로 촘촘히 홈질 또는 박음질하고, 직선 부분에 5cm 정도의 창구멍을 남긴다.
8 시접을 1cm씩 남겨두고 재단한다.
9 겉감 쪽에 솜을 놓고 시침한다. 솜이 딸려나오지 않도록 시침실에도 초를 먹여 사용한다.

알고 가기 | 볼끼

볼끼는 뺨과 턱을 감싸 추위를 막을 수 있도록 만든 방한구로 주로 서민들이 사용했다. 겉에는 헝겊, 안쪽에는 털을 대어 긴 형태로 만들고 양끝에 끈을 달아 맬 수 있게 되어 있다.

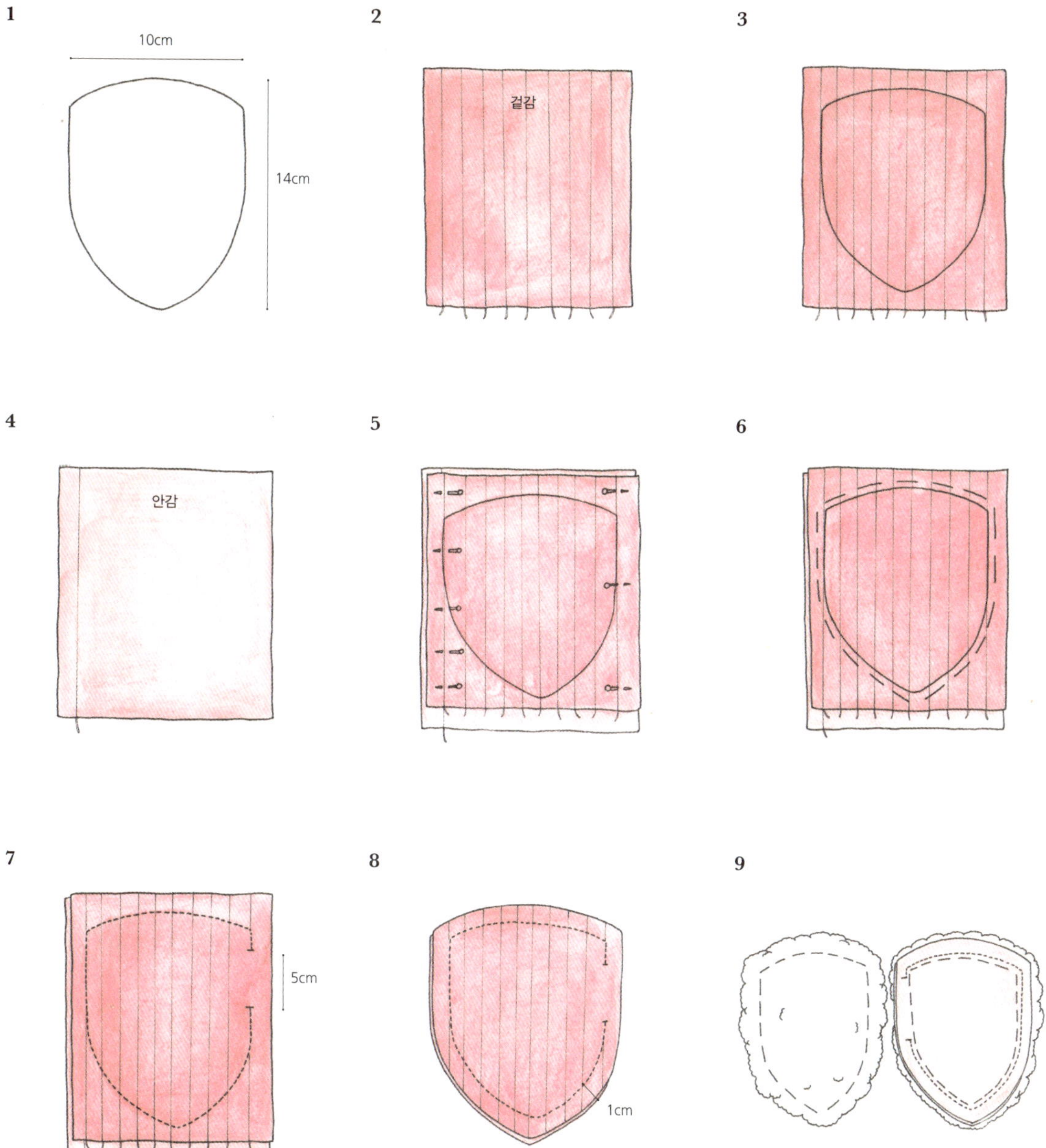
1
10cm
14cm
2
겉감
3
4
안감
5
6
7
5cm
8
1cm
9

10 안감 쪽에서 박음질 선을 따라 곱게 박음질한다.

11 창구멍 부분은 안감을 제외하고 겉감과 솜만 곱게 홈질한다.

12 시접 부분의 솜을 깨끗이 뜯어낸다.

13 시접을 5mm만 남기고 잘라낸 후 솜 쪽으로 꺾어 다린다.

14 창구멍으로 뒤집어서 모서리를 잘 빼내 다림질한 후 공그르기로 창구멍을 막는다.

15 가장자리에서 2~3mm 안쪽을 곱게 시침한다.

16 올 튕긴 것의 4줄 간격으로 시침한다.

17 귀마개의 가장자리를 따라 5mm 안쪽에 한 줄 누비를 한다. 이렇게 하면 안감이 밀려 나오는 것을 막을 수 있고 끝까지 누비하는 것보다 가장자리가 깔끔해진다. (누비하는 방법은 90-91쪽 참고)

18 시침한 중간 중간을 누비고 다시 그 중간을 누비고 마지막으로 시침실을 뜯고 그 선을 누빈다.

tip 누비는 방향 양쪽 끝에 보조천을 달아주면 가장자리의 완성선을 잘 유지하며 누빌 수 있으며, 보조천을 누비판이나 바닥에 고정하면 작품이 손상되는 것을 막을 수 있다. 누비를 좀 더 쉽게 하기 위한 것이지만, 생략하고 그냥 손에 들고 누벼도 무방하다.

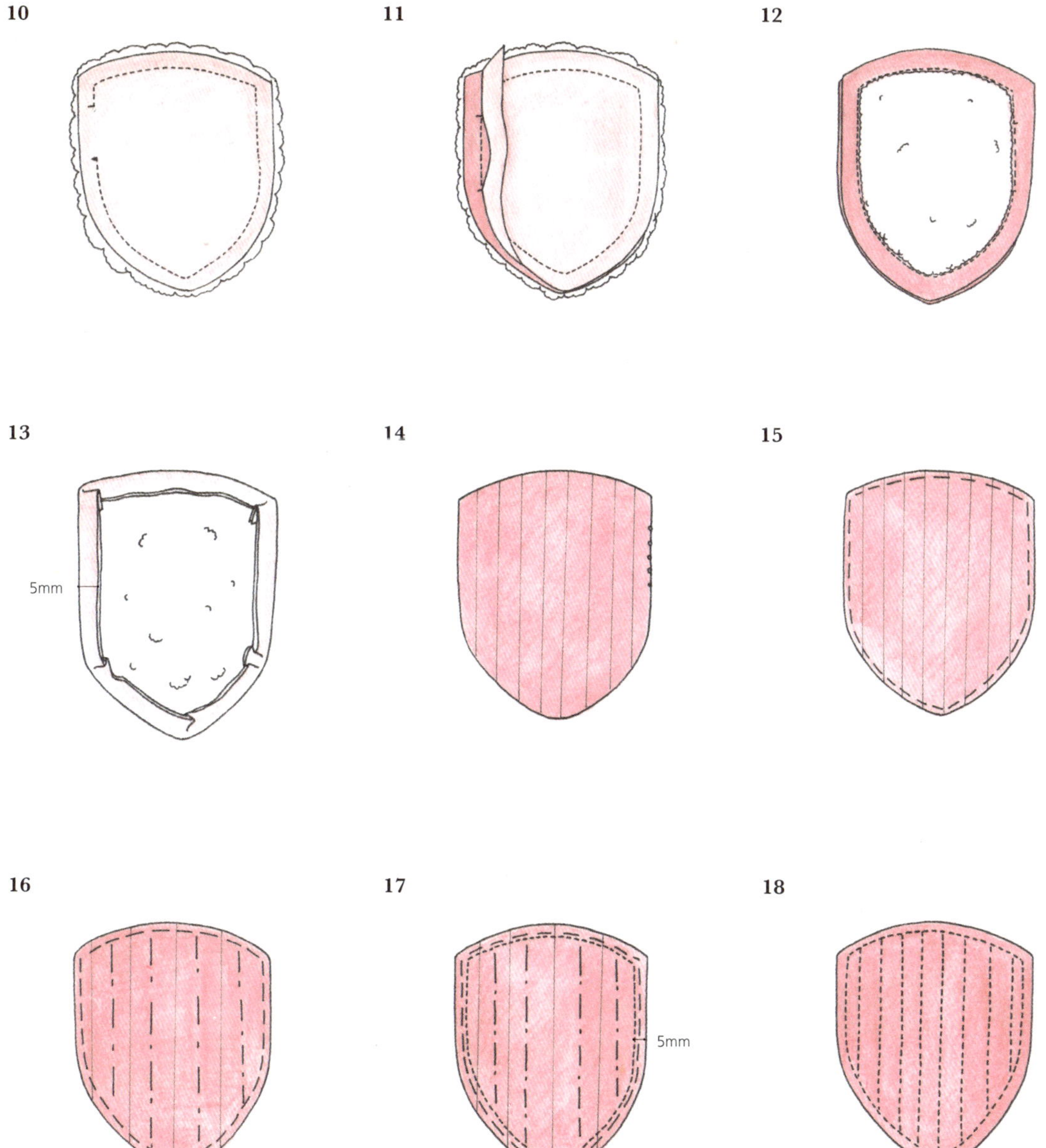
10
11
12
13
5mm
14
15
16
17
5mm
18

머리끈 만들기

1 검은색 명주를 12×24cm로 재단한다. (시접 포함)
2 중심에 올을 튕긴 후 한쪽 부분만 중심에 1cm 폭으로 2줄을 튕긴다.
3 안쪽에 솜을 얇게 놓고 뒤집어서 중심선을 누빈다.
4 솜은 솜끼리 천은 천끼리 마주 대고 완성선을 맞추어 박음질한다.
5 솜을 천 쪽으로 접어서 박음질 선을 한 번 더 박는다.
6 시접 부분의 솜을 뜯어내고 시접을 5mm로 자른 후 시접을 꺾어 뒤집는다.
7 올을 튕겨놓은 2줄을 누빈다.

끈 만들기

1 초록색 명주를 5.5×40cm로 2장 재단한다. (시접 포함)
2 반으로 접은 후 폭이 2cm가 되도록 ㄴ자로 박는다.
3 시접을 꺾어 다린 후 뒤집는다.
4 솔기 부분의 각을 잘 다듬어 다림질한다.

tip 폭이 좁아 뒤집기 어렵다면 젓가락을 이용하면 쉽게 뒤집을 수 있다.

연결하고 양털 붙이기

1 머리끈을 머리 크기에 맞추어 조정한 후 귀마개 안쪽에 끈과 머리끈을 튼튼하게 꿰맨다.
2 양털을 귀마개 본보다 2mm 작게 재단한다. 털이 잘리지 않게 가죽 부분만 잘 재단하며, 커터칼을 사용하는 것이 편리하다.
3 양털 가장자리에 딱풀을 칠하고 귀마개 안쪽에 붙여서 완성한다.

tip 머리끈 중심 부분에 배씨댕기를 달아 장식을 해도 좋다.

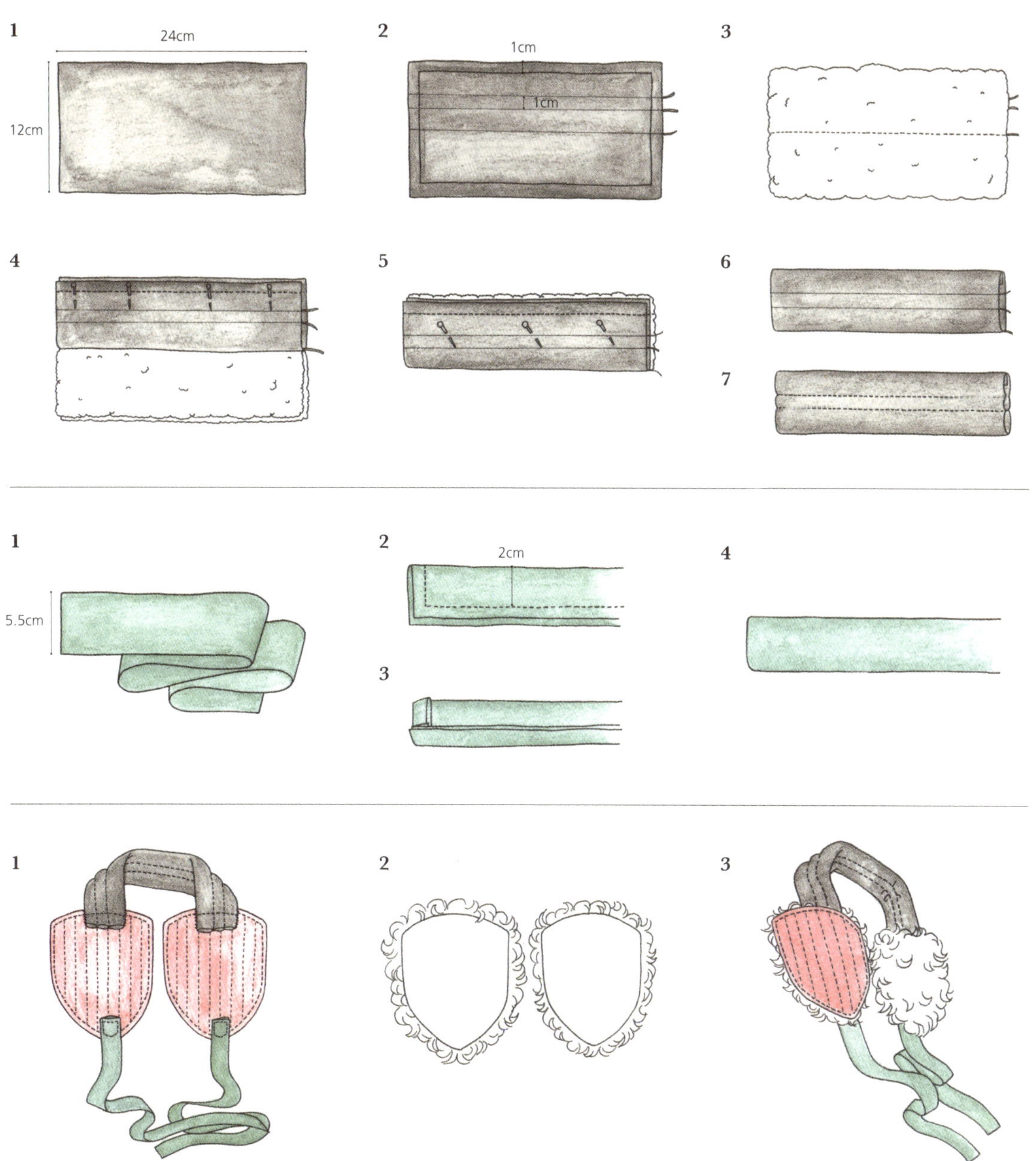
1
24cm
12cm
2
1cm
1cm
3
4
5
6
7
1
5.5cm
2
2cm
3
4
1
2
3

10
밍크장식 조바위

✣ **준비물**

겉감용 수직 실크(폭 55×30cm)
안감용 실크(폭 55×30cm)
모본단(바이어스용)
수실
목화솜
털(밍크 트리밍도 가능)

tip 대칭 형태이므로 본을 뜰 때 하나는 앞면을 대고 그리고 다른 하나는 뒤집어서 뒷면을 대고 그려서 재단해야 한다.

만들기

1 두꺼운 도화지에 조바위 본을 뜬다.
2 본을 대고 겉감과 안감을 각각 두 장씩 재단한다.
3 겉감에 먹지를 대고 문양을 옮겨 그린 후 시접을 7mm로 잘라낸다.
4 겉감과 안감을 겉끼리 마주 대고 이마와 뒤통수 부분을 박음질한다.
5 겉감 쪽에 솜을 놓고 시침한 후 안감 쪽에서 한 번 더 박음질한다.
6 시접 부분의 솜을 깨끗이 뜯어내고 박음질한 완성선을 꺾는다.
7 뒤집어준다.
8 위아래의 완성선을 따라 시침한 후 솜을 정리한다.
9 누비할 문양 둘레를 시침한다.
10 검정 수실로 문양을 따라 누빈다. 같은 방법으로 한 장 더 만든다.

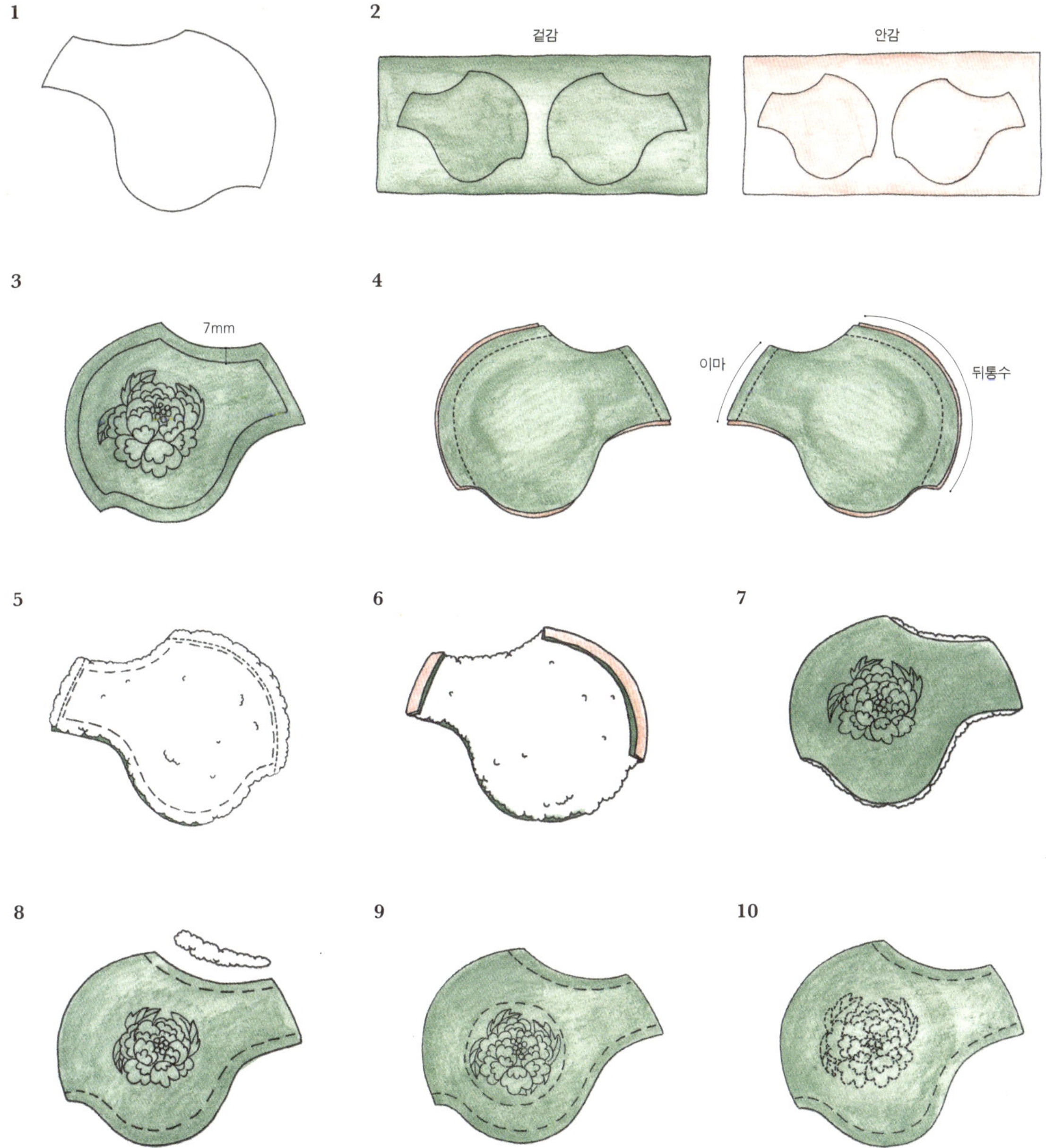
1
2
겉감
안감
3
7mm
4
이마
뒤통수
5
6
7
8
9
10

11 두 장을 겉끼리 마주 대고 안쪽에서 겉감끼리 감침질한다.

12 안감끼리 공그르기한다.

13 귓볼 부분은 완성선을 따라 곱게 2줄로 홈질을 하고 잡아당겨서 볼륨을 만든다.

14 겉에서 위아래 완성선을 따라 바이어스를 박는다. 곡선 부분은 바이어스를 약간 당겨가면서 바느질한다.

15 시접의 솜을 뜯어내고 시접을 7mm로 정리한다.

16 3mm 두께로 접어서 겉쪽에서 눌러 박는다.

17 안쪽에서 바이어스를 접어 넣고 공그르기한다.

18 조바위 곡선을 따라 털을 2cm 폭으로 제단하여 잇는다. 밍크 트리밍을 사용해도 된다.

19 털을 본드로 붙이고 안쪽에서 감침질한다.

20 바이어스를 3cm 폭으로 접어서 안쪽의 가죽 위에 덧대고 꿰매준다.

tip 책에 수록된 본은 일반적인 조바위 본에서 아랫부분에 댈 털 사이즈 2cm를 뺀 것이다. 밍크 트리밍을 사용할 경우는 본의 아랫부분을 전체적으로 2cm씩 늘려준다.

알고 가기 | 전통 쓰개의 종류

조선시대 방한모에는 남바위, 풍차, 볼끼와 같이 남녀가 같이 쓰던 것, 아얌과 조바위처럼 여자들만 쓰던 것, 그리고 어린이 전용의 굴레, 남자 전용 방한모인 만선두리, 휘항 같은 것들이 있다.

방한모의 특징은 머리 위쪽이 트여 있는 것이고, 여자들은 정수리 트임의 앞뒤를 장식끈이나 산호 등의 보석 구슬끈으로 연결하고 매듭과 장식술, 비취나 옥을 달아 장식했다. 조바위는 뺨을 둥글게 감싸는 모양이고 아얌은 귀를 덮지 않고 머리 위만 감싸는 형태이다. 오늘날에도 돌잔치 때 여자아이에게는 어김없이 조바위를 씌워주고 있다.

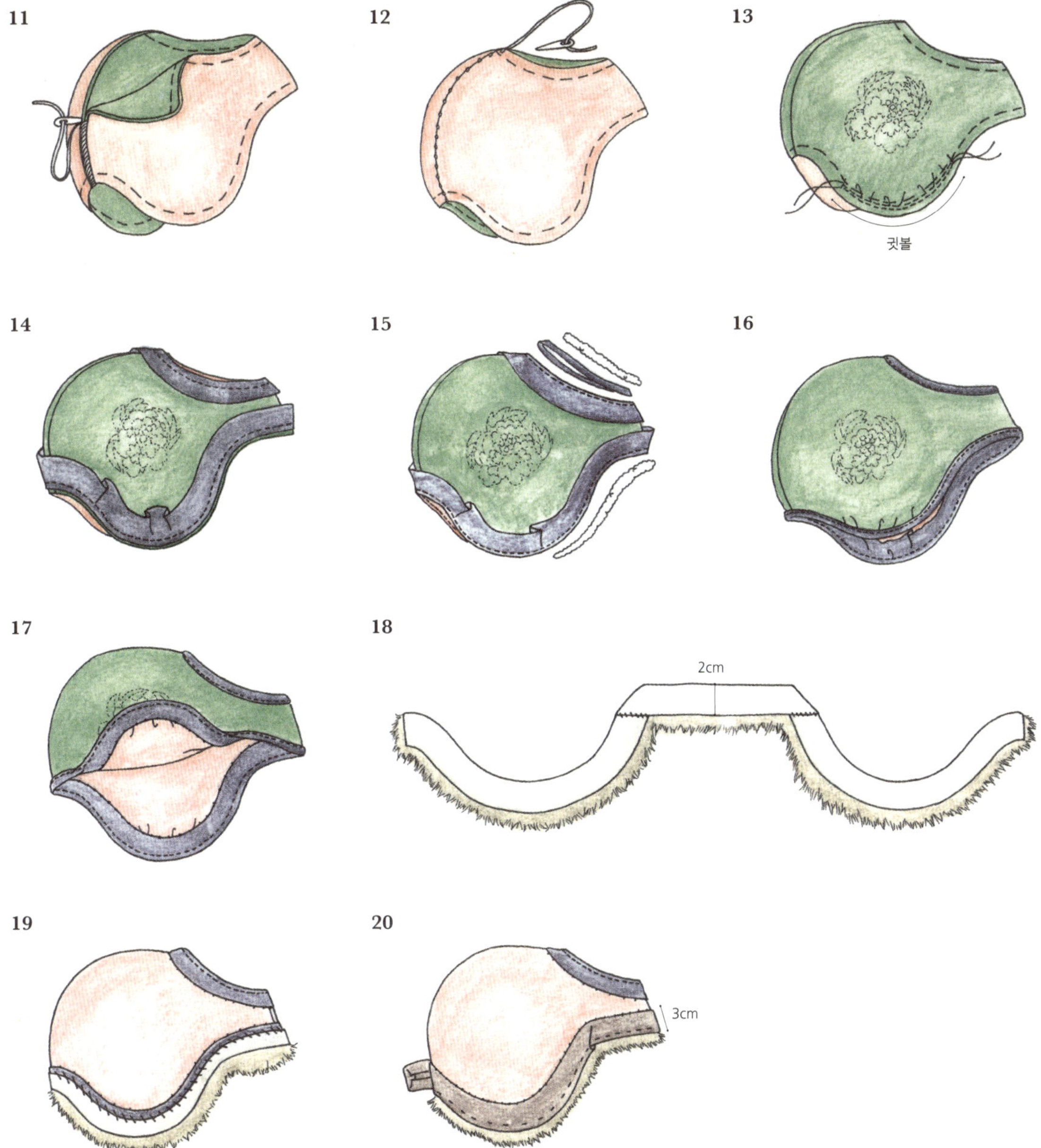
11
12
13
귓볼
14
15
16
17
18
2cm
19
20
3cm

11 금사 누비 토시

✣ 준비물

겉감용 실크 또는 명주(폭 55×45cm)
안감용 명주(폭 55× 30cm)
금사(굵은 것, 가는 것)
견봉사
목화솜
두꺼운 도화지

만들기

1 두꺼운 도화지에 본을 뜬다.
2 겉감과 안감에 본을 그리고 위아래 시접은 1cm, 옆선 시접은 2cm로 재단한다.
3 겉감 겉쪽에 흰 먹지를 대고 수 도안을 옮겨 그린다.
4 안쪽에 솜을 펴놓는다.
5 솜 위로 안감을 놓고 겉감 쪽에서 도안 주변을 시침한다.
6 꽃은 굵은 금사를 노랑 견봉사로 감아가며 징금수를 놓는다. 꽃술은 굵은 금사로 씨앗수를 놓는다. 잎사귀는 가는 금사로 박음질한다. (수 놓는 방법은 86-87쪽 참고)
7 겉쪽에서 윗단과 아랫단에 폭 2.5cm의 바이어스를 대고 5mm 되는 부분을 박아준다.
8 시접 부분의 솜을 뜯어내고 안쪽으로 넘겨 3mm 폭으로 눌러 박는다.
9 안쪽에서는 바이어스 끝부분을 접어 넣고 공그르기한다.
10 겉끼리 맞닿게 반 접고 트임 부분을 제외한 옆솔기를 박은 후 시접의 솜을 뜯어낸다.
11 솔기 부분의 안감을 짧게 자른다.
12 안감의 시접을 겉감의 시접으로 감싸서 감침질한다.

알고 가기 | 토시

팔목에 끼는 토시는 추위나 더위를 막아주고 일할 때 옷소매가 흘러내리지 않도록 하는 실용적인 목적 외에도, 아름다운 색 비단과 값비싼 모피로 멋을 내는 장식적인 기능도 있다.

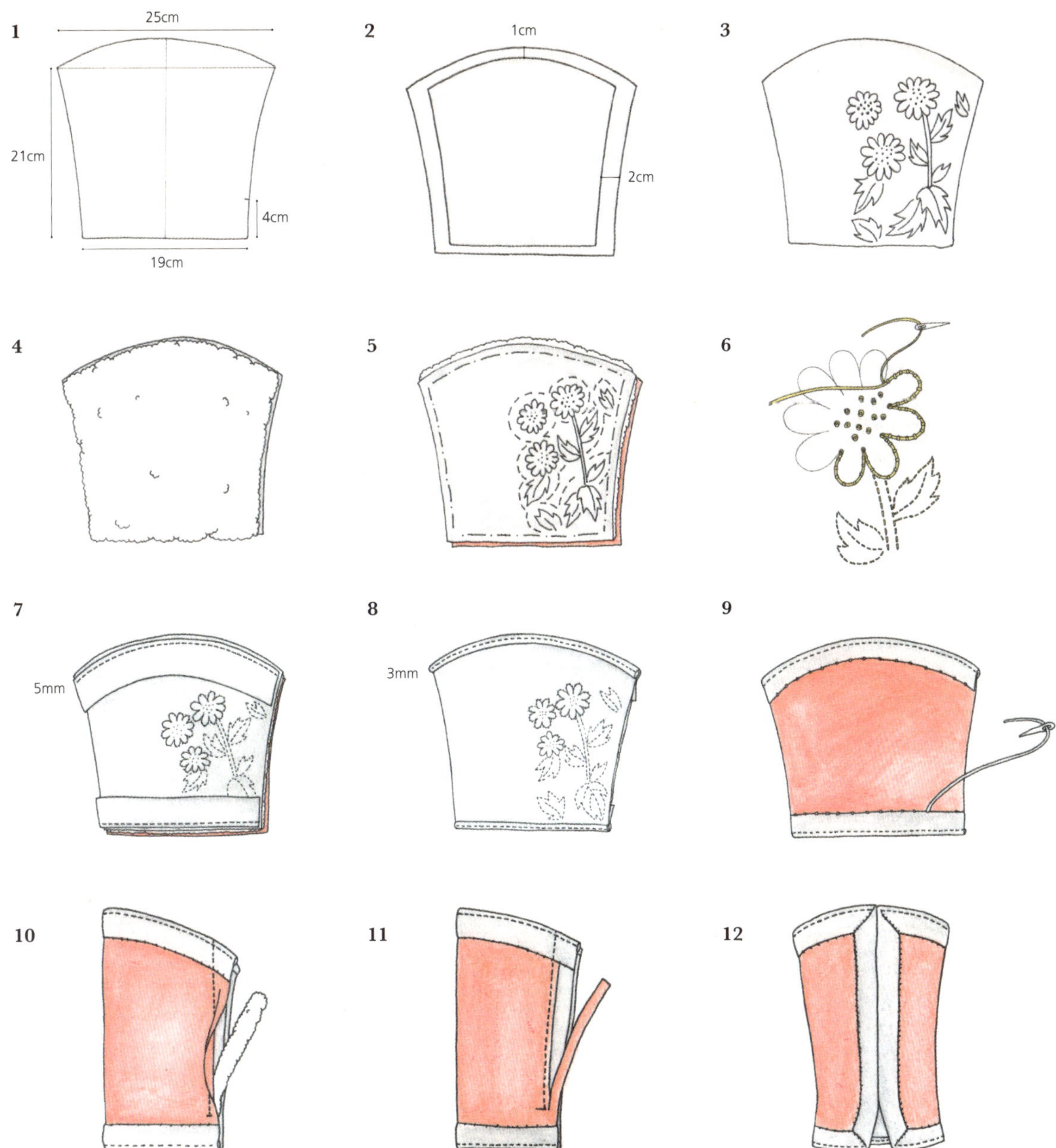
1
25cm
21cm
4cm
19cm
2
1cm
2cm
3
4
5
6
7
5mm
8
3mm
9
10
11
12

12
조각 누비 목도리

✢ 준비물

명주(폭 40×140cm)
배색감(폭 40×20cm)
견봉사
목화솜

만들기

1 풀기 뺀 명주를 폭을 반으로 나누어 자른 후 한쪽 감에서 20cm씩 두 장을 자른다.

2 짧은 쪽 감(앞면이 될 부분)에 2.5cm 간격으로 올을 튕긴다.

3 길이 17cm의 조각을 이어 배색 부분을 2개 만든다. (시접 아래위 1cm씩 포함, 완성 사이즈는 15cm) 연결 부분의 시접은 7mm로 한다.

4 시접은 모두 배색감 쪽으로 꺾어 다린다.

5 올을 튕겨놓은 감 양쪽에 배색 부분을 박음질하여 앞면을 완성한다.

6 뒷감과 완성된 앞면의 올을 맞추어 시침한다.

7 완성선을 따라 곱게 홈질하고 창구멍을 8cm 정도 남겨놓는다.

알고 가기 | 누비 목도리

누비 목도리는 초보자들이 누비의 전체 과정을 익히기에 적합한 소품이다. 보온을 목적으로 할 때는 솜을 충분히 놓고 누비 간격을 1cm 정도로 하며, 그렇지 않을 경우에는 솜을 놓지 않고 겹누비로 만들어 숄처럼 장식의 용도로 사용한다.

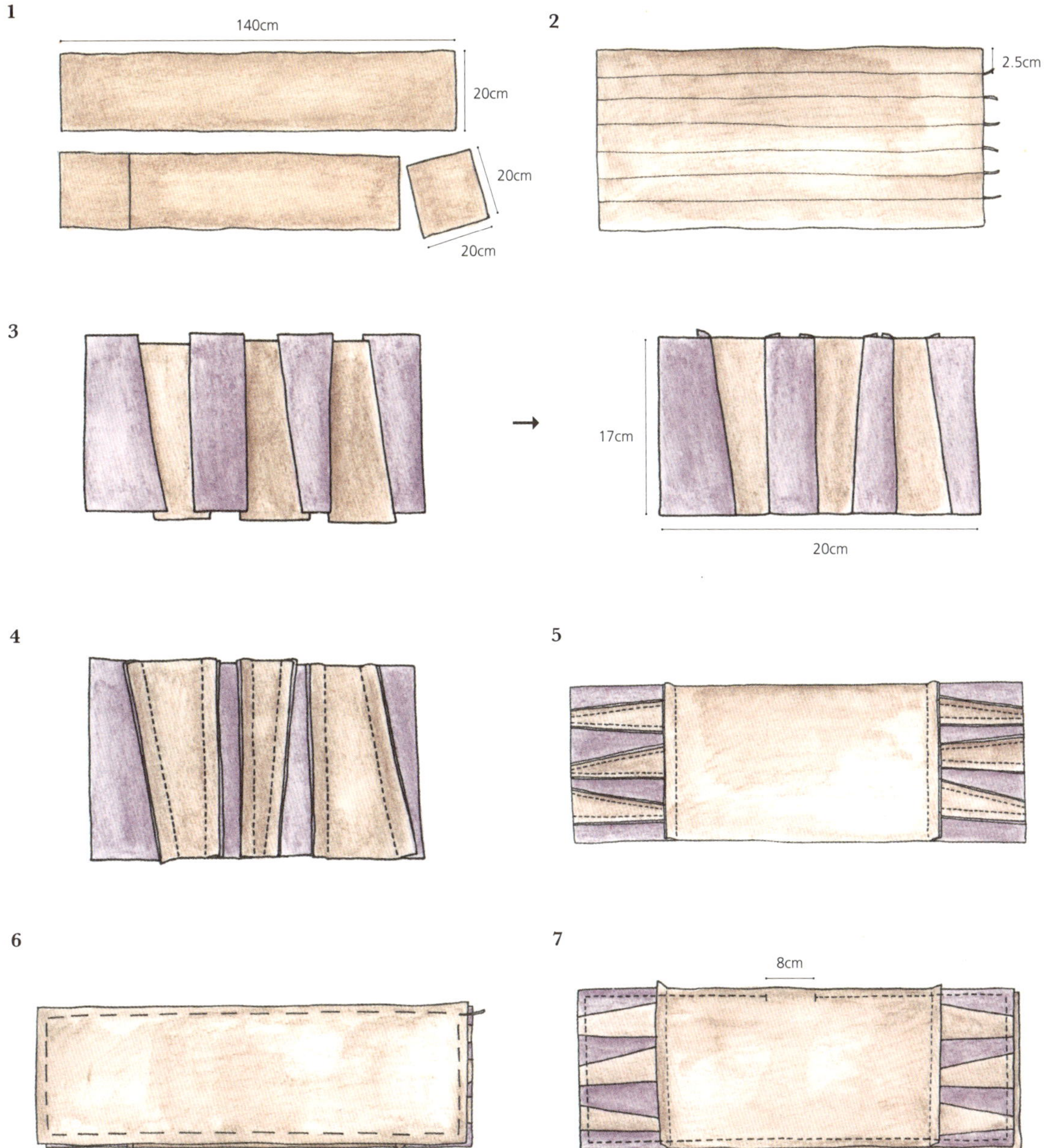
1
140cm
20cm
20cm
20cm
2
2.5cm
3
17cm
20cm
4
5
6
7
8cm

8 겉감 쪽에 솜을 얇게 펴놓고 시침한다.

9 완성선을 따라 박음질하되 창구멍 부분은 뒷감을 제외하고 솜과 겉감 2겹만 바느질한다.

10 시접 부분의 솜을 뜯어낸 후 시접을 5mm로 자른다.

11 시접을 솜 쪽으로 꺾어 다린 후 뒤집는다.

12 창구멍을 공그르기로 막아준다.

13 가장자리를 곱게 시침한 후 양쪽 끝에 보조천을 단다. (90-91쪽 참고)

14 누비판에 시침핀으로 고정시킨 후 올 튕긴 선을 따라 2줄 간격으로 시침한다.

15 초를 먹인 실로 배색 부분은 솔기를 따라, 몸판은 올 튕긴 선을 따라 곱게 누빈다. 한 줄의 누비 선은 실을 끊지 않고 한 가닥으로 하는 것이 좋으며, 중간에 끊어질 경우 반박음질로 끝내고 다시 반박음질로 시작해서 이어나간다.

tip 뒤집을 때는 모서리의 시접을 잘 꺾어 잡고 창구멍으로 먼저 모서리를 빼내어 각이 잡히게 한다.

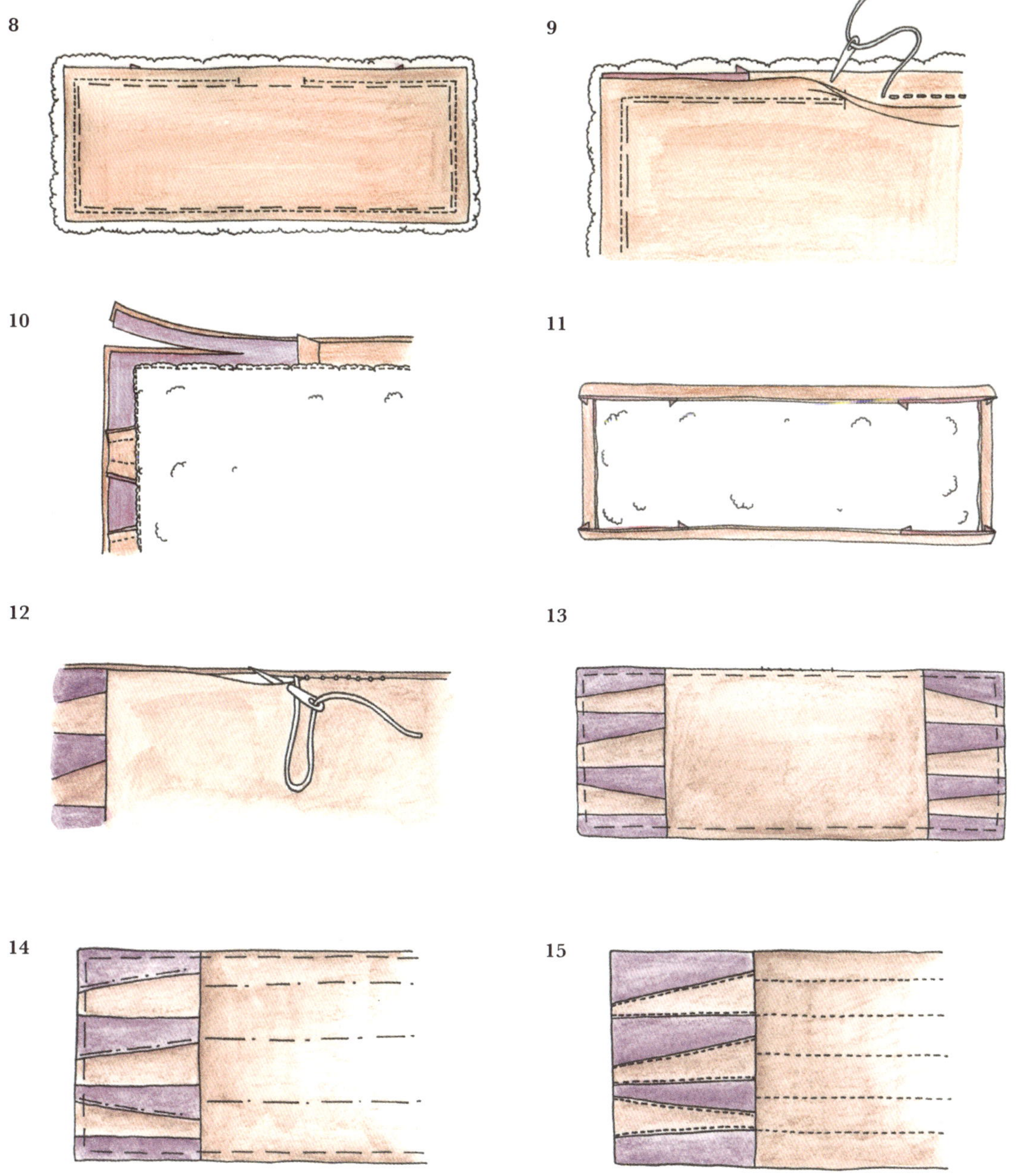
8
9
10
11
12
13
14
15

13

누비 프릴 목도리

✣ 준비물

명주(폭 38~40×160cm)
견봉사
목화솜

tip 프릴 부분에 누비를 한 실은 길게 남겨두었다가 본대로 재단한 후 풀리지 않게 서로 묶어주어도 좋다.

만들기

1 명주에 120cm로 몸판을 재단한다.
2 중심 올을 튕겨 폭을 2등분한다.
3 2등분한 한쪽(앞면이 될 부분)의 중심 부분에 7mm 간격으로 7줄을 튕긴다.
4 뒷면과 올을 맞추어 옆선을 홈질하고 창구멍을 남겨둔다.
5 프릴감은 폭 15×길이 35cm로 2장을 재단한다.
6 중심 올을 튕기고 한쪽만 7mm 간격으로 올을 튕긴다.
7 안쪽의 중심선 한쪽에만 솜을 얇게 펴놓은 후 겉에서 중심선을 따라 누빈다.
8 중심선을 접어 두 겹을 만든 후 앞면에 프릴 본을 그린다.
9 올 튕긴 선을 따라 본 안쪽을 누비고 재단한다.

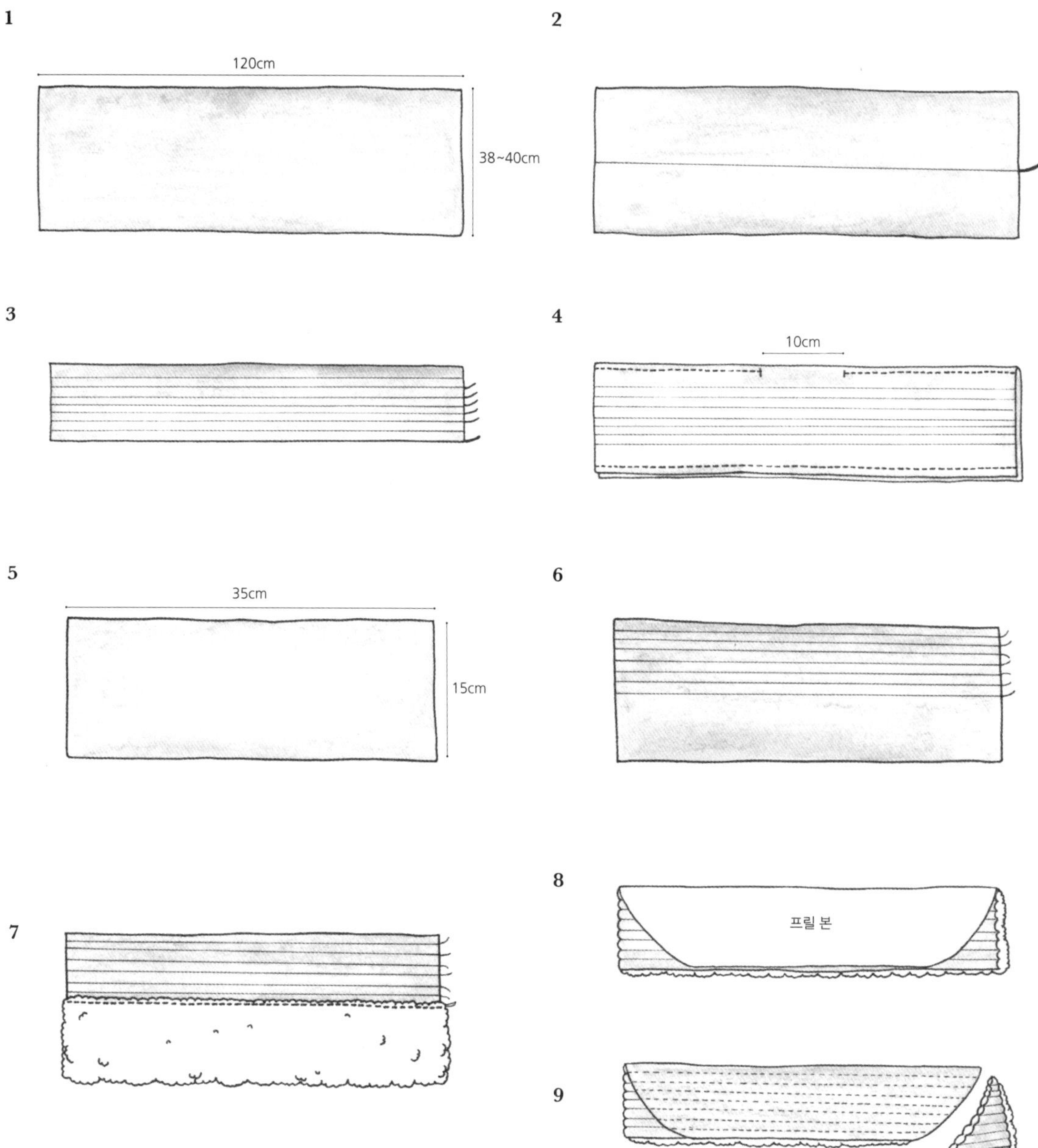
1
120cm
38~40cm
2
3
4
10cm
5
35cm
15cm
6
7
8
프릴 본
9

10 프릴 곡선 부분을 따라 2줄로 홈질한다.

11 홈질한 실을 잡아당겨 목도리 폭과 맞추어 주름을 잡는다.

12 프릴을 몸판 사이에 밀어 넣고 박음질한 후 시접의 솜을 뜯어내고 정리한다.

13 몸판 앞면 쪽에 솜을 놓고 시침한 후 완성선을 따라 박음질한다.

14 시접 부분의 솜을 뜯어내고 시접을 7mm로 자른다.

15 시접을 솜 쪽으로 꺾어 다린 후 창구멍으로 뒤집는다.

16 창구멍을 막고 가장자리와 올 튕긴 선 양 옆을 곱게 시침한다. 시침실은 잠시 고정해두기 위한 역할이므로 항상 본 바느질이 끝난 후 제거한다.

17 올 튕긴 선을 따라 누벼서 완성한다.

tip 프릴 중심과 몸판 중심을 표시해두었다가 위치를 맞추어 바느질하면 주름 양이 한쪽으로 몰리는 것을 막을 수 있다.

알고가기 | 우리 전통 누비

바늘땀 하나하나마다 인내와 정성이 배어 있는 누비는 실용적인 기능 외에도 예술적, 교육적으로 무한한 가치를 가지고 있다. 올마다 홈질한 잔누비나 입체적인 오목누비 등은 규방의 수준을 넘어 예술적 관점에서도 최상의 걸작들이며, 곧은 선으로 이어가는 반복적인 바느질은 바른 몸가짐과 인내심, 집중력을 길러준다.

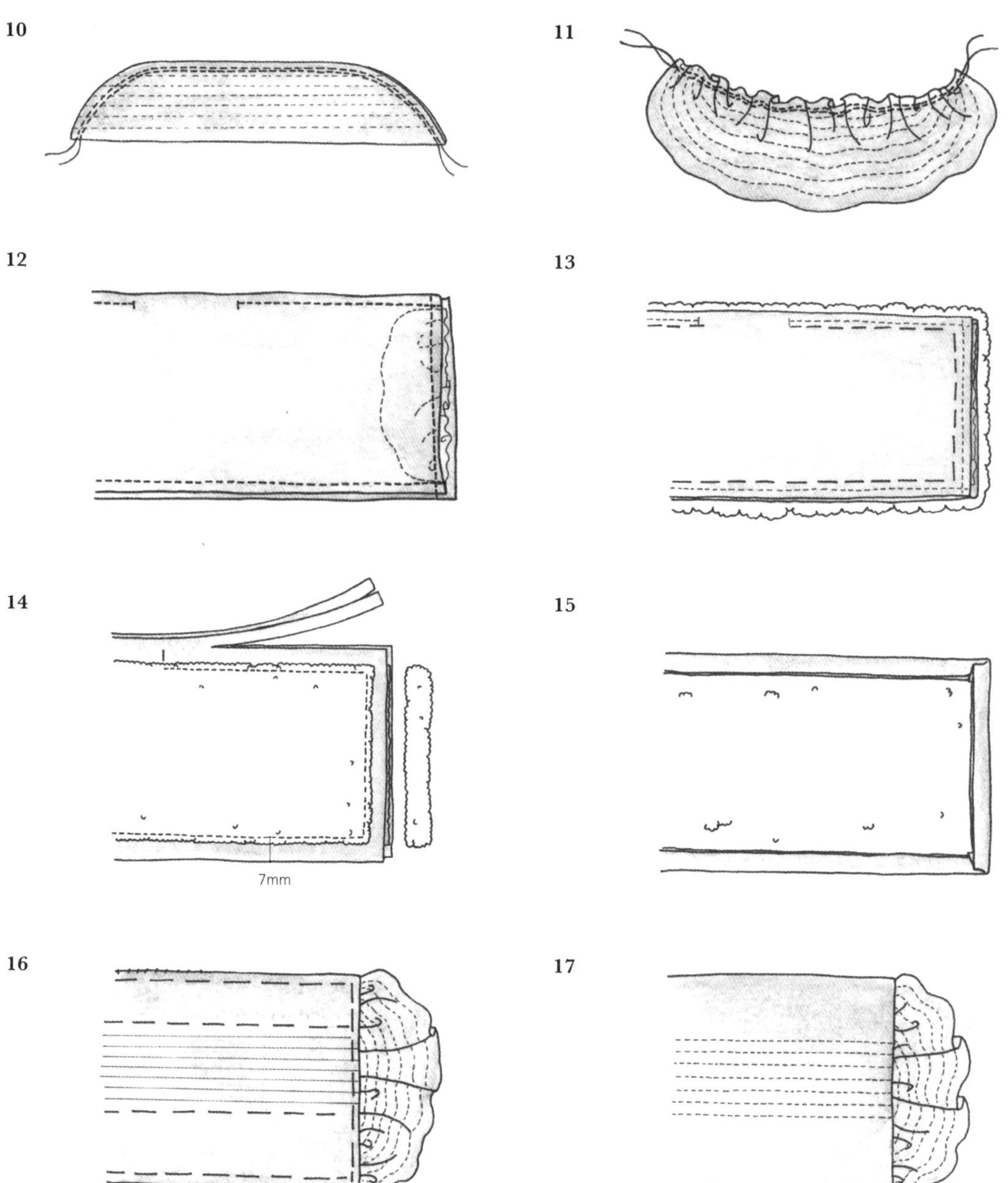
10
11
12
13
14
7mm
15
16
17

14 누비 두루주머니

✣ **준비물**

명주(겉감, 안감 각 폭 40×25cm)
양단(배색감 두 가지 색,
초록 20×25cm, 주홍 15×25cm)
오색 수실
광목 배접지
명주실
목화솜

tip 명주는 풀기를 빼면 매우 부드러워서 직선을 그리기 힘들기 때문에 올을 튕겨서 직선을 표시한다. 그래야 곧게 누비를 할 수 있다.

누비 두루주머니 만들기

1. 겉감에 5mm 간격으로 핀을 꽂고 가위밥을 주어 올을 튕긴다.
2. 올 튕긴 겉감을 2등분해서 주머니 본을 대고 2장을 그린다. 안감도 2등분해서 똑같은 모양으로 2장을 그린다.
3. 두 가지 색의 배색 양단을 밑변 2cm, 높이 1.5cm, 시접 5mm로 재단하고 그림과 같이 배열하여 감침질로 잇는다.
4. 초록 양단을 0.5×22cm, 1×22cm로 각각 2장씩 접는다.
5. 1cm 폭으로 접은 것은 3에 감침질로 잇는다.
6. 완성한 배색 양단을 겉감에 배열하여 시침한 후 공그르기로 고정한다.
7. 안감에 올을 한줄 튕긴 후 겉감과 겉끼리 맞대고 올을 맞추어 시침한다.
8. 옆선에 창구멍을 남기고 홈질한다.
9. 겉감 쪽에 솜을 얇게 펴놓고 시침한 후 안감 쪽에서 박음질한다.

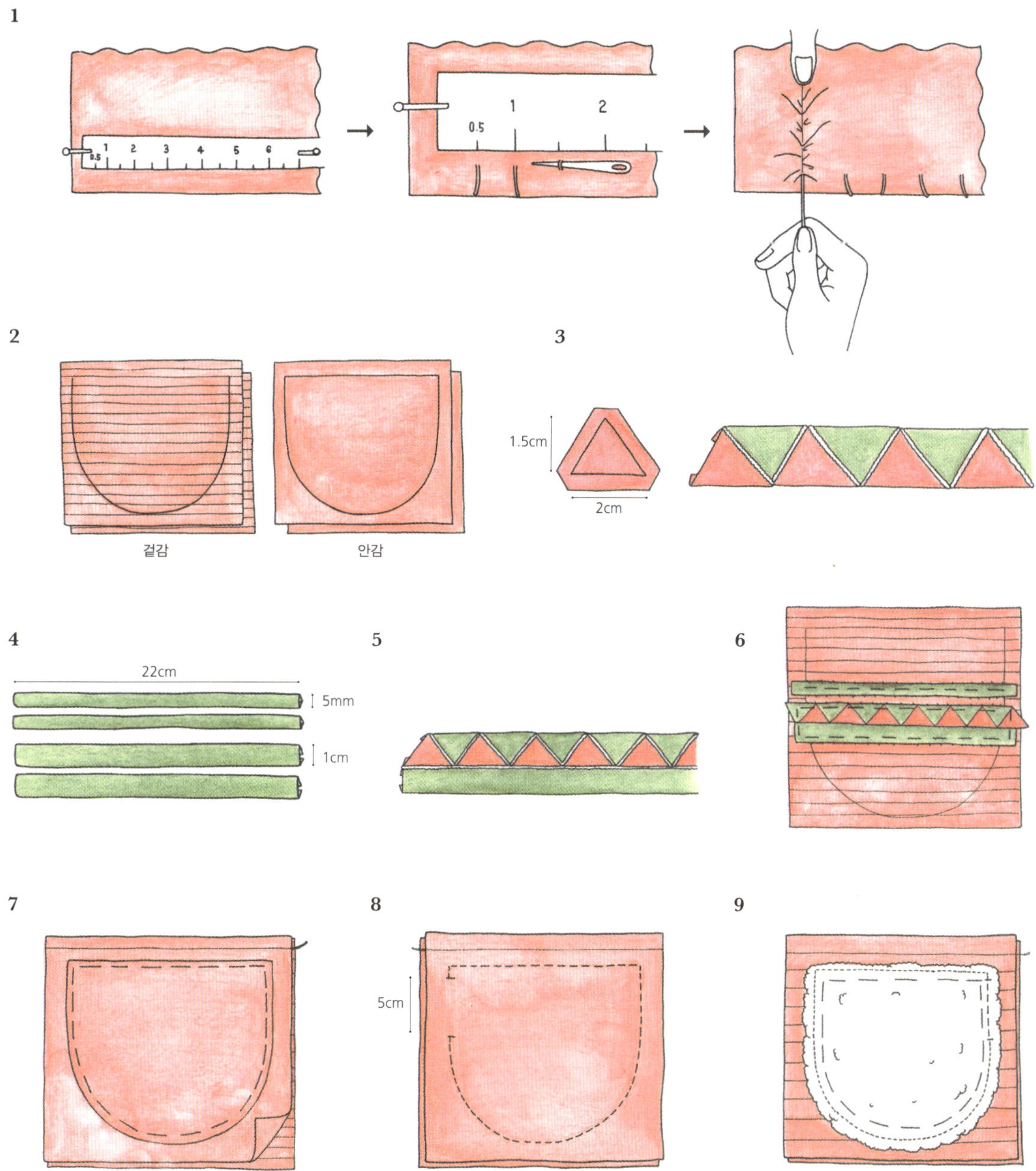
1
0.5
1
2
3
4
5
6
0.5
1
2
2
걸감
안감
3
1.5cm
2cm
4
22cm
5mm
1cm
5
6
7
8
5cm
9

10 시접 부분의 솜을 뜯어낸다.

11 시접을 5mm 남기고 자른 후 솜 쪽으로 꺾어 다린다.

12 뒤집어서 창구멍을 막은 후 가장자리를 둘러가며 곱게 시침한다.

13 올 튕긴 선을 따라 시침한다.

14 시침선 중간부터 양쪽으로 누벼나가고, 배색천의 솔기 부분도 누빈다.

15 앞판이 완성되면 같은 방법으로 뒤판을 하나 더 만든 후, 앞판과 뒤판의 겉을 마주대고 안쪽에서 겉감끼리 감침질한다.

16 안감끼리는 공그르기해서 연결한다.

17 옆솔기에서 2cm 되는 부분부터 4cm 간격으로 주름을 5개 잡고 위에서 2.5cm 내려온 곳에 구멍을 뚫는다.

18 구멍 사이로 매듭끈을 끼워 묶는다.

tip 앞, 뒷면을 이을 때는 누비선과 배색천의 위치가 잘 맞도록 해야 완성도가 높아진다.

알고가기 | 주머니

우리나라의 전통 옷에는 호주머니가 따로 없기 때문에 선조들은 돈이나 소지품을 넣기 위한 주머니를 만들어 손에 들거나 허리에 차고 다녔다. 형태별로 분류해보면 둥근 모양의 두루주머니 혹은 염낭(荷包)과 각진 형태의 귀주머니 등이 있고, 장식적인 것으로는 노리개의 형태를 갖춘 향낭(香囊), 침낭(針囊) 등이 있다.

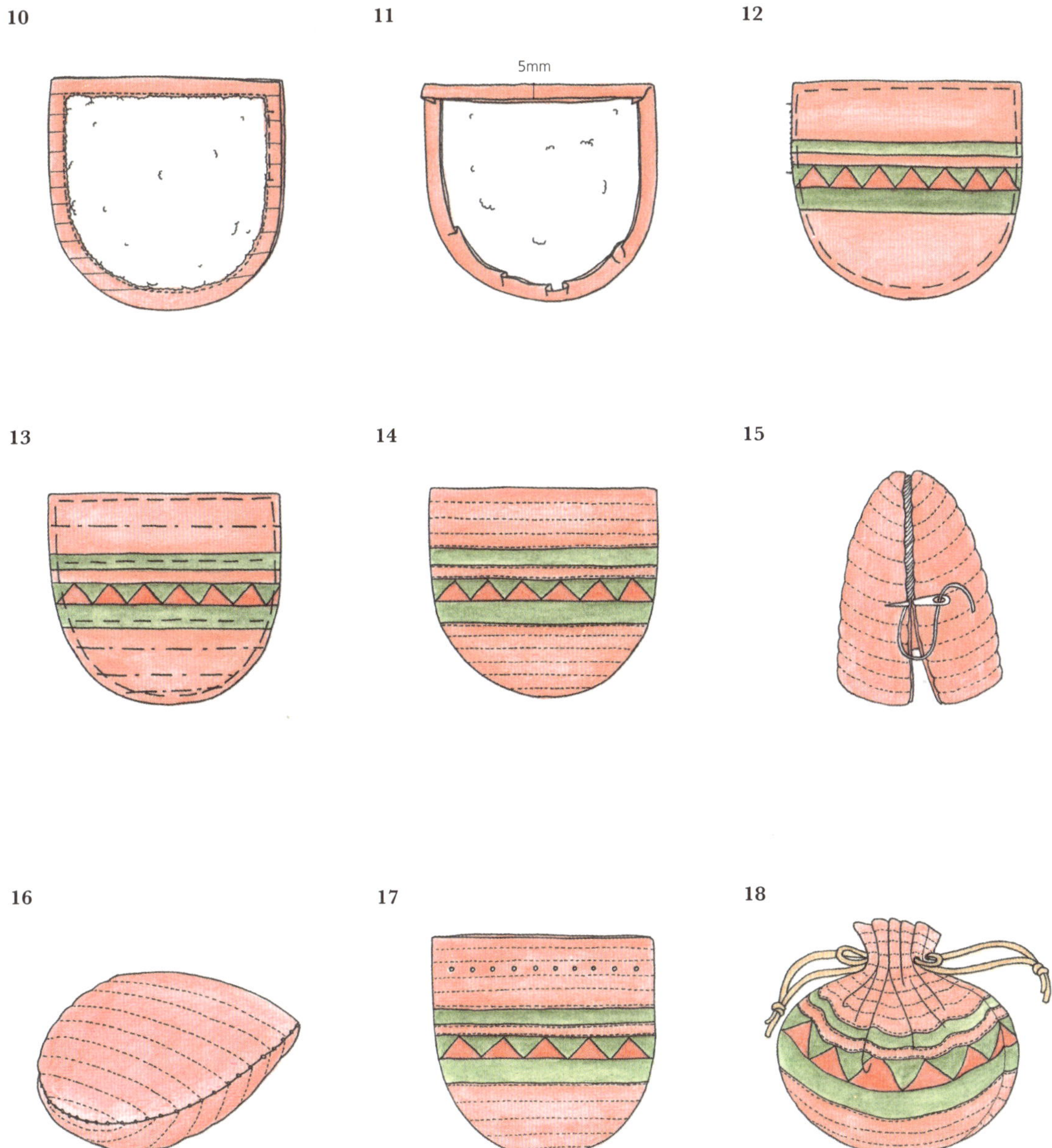
10
11
5mm
12
13
14
15
16
17
18

장식물1 : 괴불 만들기

1 다양한 크기와 모양으로 재단한 조각천을 이어서 한 변이 3.5cm인 사각형 3개, 5cm인 사각형 1개를 만든다.

2 사각형을 대각선으로 접어 사뜨기를 한다. 1/3 정도 남았을 때 솜을 채워 넣고 다시 사뜨기로 마무리한다. (사뜨기 방법은 86-87쪽 참고)

3 폭 7mm로 접어 감침질한 끈 사이에 괴불을 넣고 고정한다.(큰 괴불 끈 사이즈: 빨강 7mm×25cm, 노랑 7mm×9cm), (작은 괴불 끈 사이즈: 빨강 7mm×11cm, 노랑 7mm×34cm)

4 괴불 양끝에 오색술을 단다. (술 만드는 방법은 92-93쪽 참고)

장식물2 : 고추 만들기

1 조각천을 본대로 자른 후 반 접어서 박음질한다.

2 실을 이용하여 뒤집고 윗부분의 완성선을 따라 홈질한다.

3 솜을 채워 넣은 후 실을 잡아당겨 고정한다.

4 폭 7mm로 접어 감침질한 끈에 고추를 단다. (끈 사이즈: 노랑 7mm×17cm, 빨강 7mm×8cm 2개)

5 고추 끝에 술을 단다.

알고 가기 | 괴불과 고추 장식

괴불은 오래된 연뿌리에 서식하는 열매이다. 노리개 유물에 자주 등장하는 세모꼴의 괴불 장식은 악귀를 퇴치하는 벽사의 의미를 가진 것으로 알려져 있다. 양반층에서는 화려한 자수 문양이나 보석 등으로 노리개를 장식하였으나, 일반 부녀자들은 귀금속을 사용하는 것이 어려웠으므로 주로 오방색의 헝겊 조각을 이용하여 괴불 장식을 만들었다. 혼수품목에 들어갔다는 고추열쇠패는 부귀와 다남 등 길상의 의미를 지니고 있다.

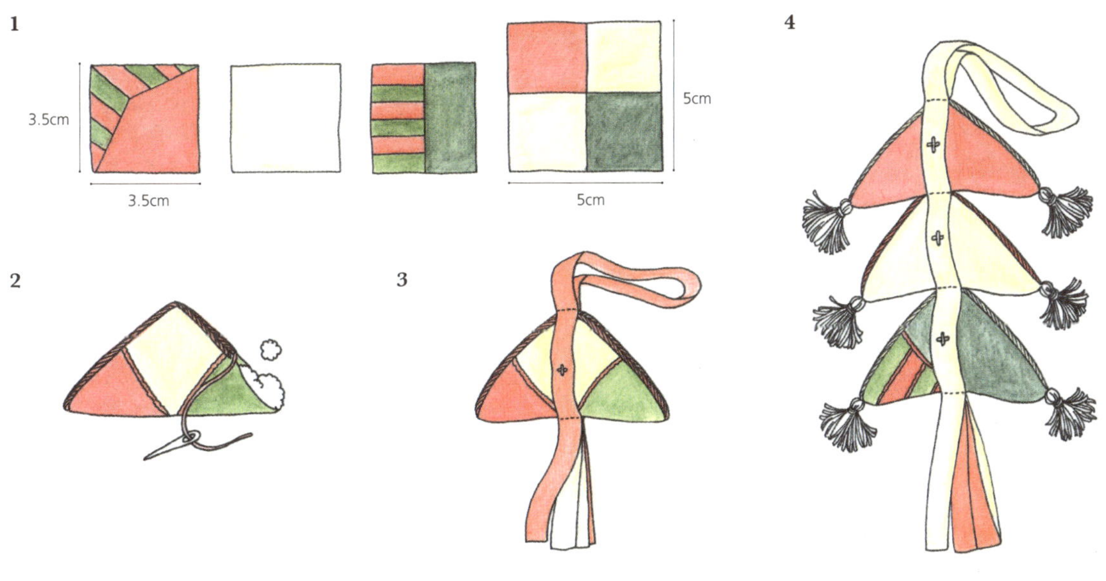
1
3.5cm
3.5cm
5cm
5cm
2
3
4

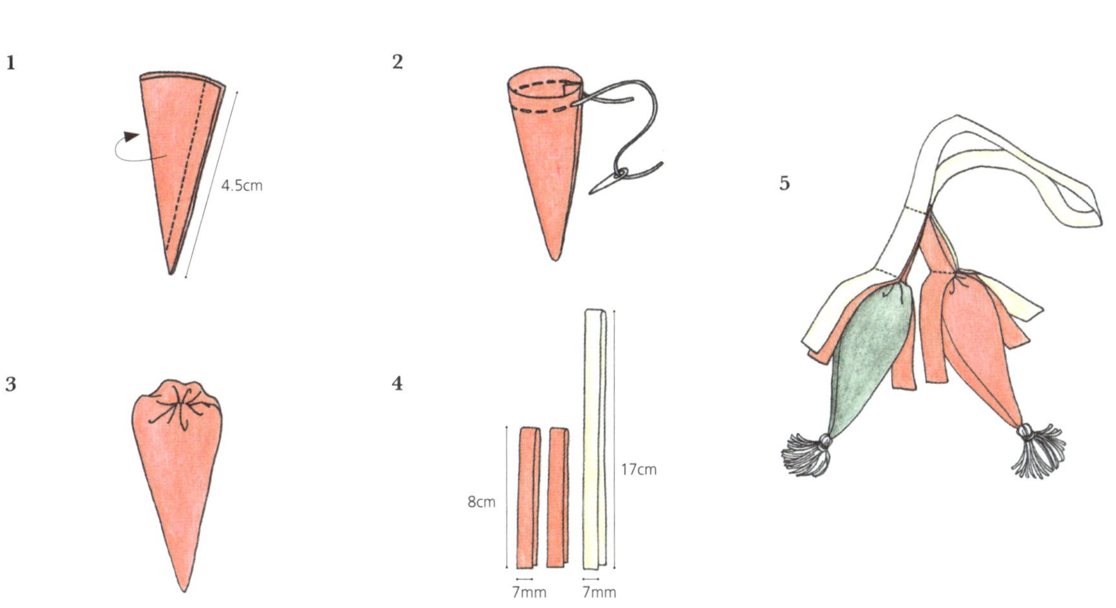
1
4.5cm
2
3
4
8cm
17cm
7mm
7mm
5

장식물3 : 장식 두루주머니 만들기

1 천 안쪽에 본을 따라 그린 후 부리 쪽의 시접 1.5cm를 남기고 마름질한다.
2 마름질한 2장을 겉끼리 맞대고 부리를 제외한 완성선을 따라 곱게 홈질한 후 시접을 5mm로 자른다.
3 홈질한 선을 꺾어 잡고 뒤집은 후 부리의 시접은 안으로 접어 넣어 다림질한다.
4 안에 솜을 넣고 부리 부분에 주름을 잡은 후 꿰맨다.
5 옆선을 따라 사뜨기하고 양옆에 술을 단 후 끈을 달아준다. (끈 사이즈: 노랑 5mm×16cm)

tip 사뜨기 수를 놓을 때는 되도록이면 실의 길이를 여유 있게 준비하는 것이 좋다. 도중에 실이 모자라 매듭을 맺고 다시 시작해야 할 경우 끝맺음과 시작이 표시나지 않게 주의해야 한다.

장식물4 : 버선 만들기

1 조각천을 이어서 앞면을 만들고 본을 따라 그린 후 시접 7mm를 남기고 마름질한다. 뒷면은 앞면과 대칭이 되게 그려 재단한다.
2 광목 배접지를 본대로 2장 자른다.
3 시접에 가위밥을 주고 배접지를 싸서 풀로 붙인다.
4 5mm로 접어 감침질한 끈을 앞면과 뒷면 안쪽에 꿰맨다. (끈 사이즈: 노랑 5mm×17cm)
5 두 장을 마주대고 가장자리에 사뜨기를 한다. 1/3 정도 남았을 때 솜을 넣고 다시 사뜨기로 마무리한다.
6 버선 끝에 술을 단다.

1
1.5cm
2
5mm
5
3
4
1
7mm
2
3
4
5
6

장식물5 : 은장도 만들기

1 조각천을 본대로 재단하되 위아래의 색을 다르게 한다. 시접은 7mm로 한다.

2 본대로 자른 배접지를 조각천으로 감싸 풀로 붙인다.

3 갑사를 3mm 폭으로 접고 가운데 선에 맞추어 붙인다.

4 안쪽에 끈을 단다. (끈 사이즈: 노랑 5mm×17cm)

5 두 장을 마주 대고 가장자리에 사뜨기를 한다. 1/4 정도 남았을 때 솜을 넣고 다시 사뜨기로 마무리한다.

6 양끝에 술을 단다.

연결하기

1 완성한 장식들을 큰 두루주머니의 매듭끈에 연결한다. 장식에 달린 끈을 매듭끈에 걸쳐서 고리 사이로 장식을 빼내면 고정된다.

tip 긴 장식물들의 경우 매듭끈을 주머니에 꿰기 전에 미리 장식물들을 매달고 주머니에 끼우는 것이 편리하다.

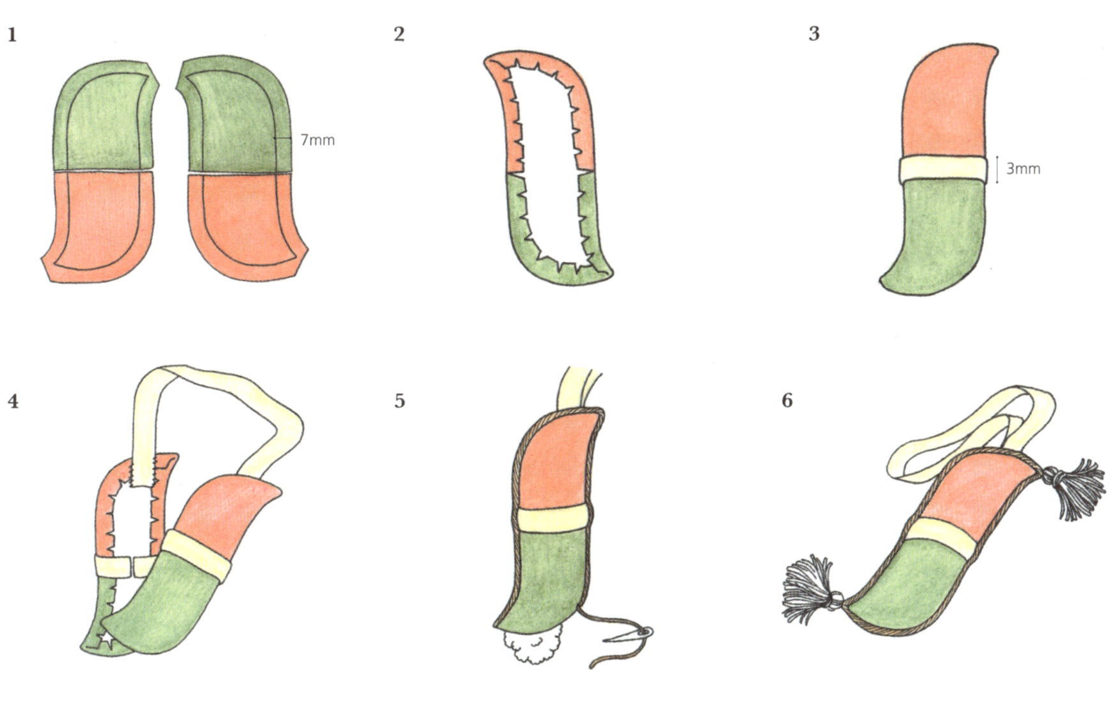
1
2
3
7mm
3mm
4
5
6

1

15 나비장식 귀주머니

✣ **준비물**

명주(겉감, 안감 각 20×35cm)
배색용 양단(초록 40×20cm, 주홍 20×20cm)
갑사(안감, 바이어스용)
두꺼운 도화지
솜
찹쌀풀

귀주머니 만들기

1 겉감과 안감을 20×34cm로 재단한다. (사방 시접 1cm씩 포함)

2 초록 양단에 박쥐 본을 그린 후 옆선 시접은 1cm, 나머지는 7mm 시접을 두고 재단한다.

3 시접 부분에 가위밥을 준 후 박쥐 본대로 오린 두꺼운 도화지를 감싸서 다림질해준다.

4 4×4cm로 재단한 초록 양단을 폭 2cm가 되도록 접고 1.5×4cm로 재단한 초록 양단과 붉은 양단을 1cm 폭으로 접어 준비한다.

5 양단을 5mm 간격으로 덧대고 시침한 후 세땀 상침하여 밑면을 만든다.

6 두 가지색 양단을 1.5cm 폭의 바이어스로 재단한 후 5mm 부분을 접어서 박쥐 둘레에 5mm 간격으로 덧대어 시침한다.

7 둘레를 따라 세땀 상침하여 고정한다.

8 겉감에 중심선을 표시한 후 밑면을 세땀 상침으로 고정한다.

9 박쥐도 완성선에 맞추어 시침한 후 세땀 상침한다.

10 2.5cm 폭 양단의 한쪽 시접을 5mm로 접은 후 주머니의 부리가 될 부분에 상침한다.

1
20cm
34cm
1cm
2
7mm
1cm
3
4
2cm
1cm
4cm
5
6
7
8
9
10

11 안감과 겉감을 겉끼리 맞대어 부리 부분을 곱게 홈질하고 시접은 겉감 쪽으로 꺾는다.

12 겉감은 겉감끼리 맞닿게 접고 안감은 안감끼리 맞닿게 접은 후 부리에서 2cm 떨어진 겉감 쪽 옆선을 6cm 정도 미리 박아놓는다. (창구멍 위치)

13 안감을 겉감의 뒤로 접어서 4겹이 되게 겹친다.

14 미리 박아놓은 창구멍 부분을 제외하고 옆선을 박아준다.

15 시접을 겉감 쪽으로 꺾은 후 창구멍으로 뒤집는다.

16 양쪽 귀 부분을 잘 빼내고 다림질한 뒤 안감의 창구멍을 공그르기로 막는다.

귀주머니 접기

1 주머니 너비를 3등분하여 1/3 지점에 옆솔기가 오도록 접는다.

2 왼쪽 솔기는 뒤로 접는다.

3 오른쪽 솔기는 앞으로 접는다.

4 주머니 입구가 6겹이 되면 주름이 어긋나지 않도록 시침핀으로 고정한다.

5 부리에서 5cm 내려온 곳에 구멍을 2개 뚫는다.

6 구멍에 끈을 통과시키고 끝에 도래매듭과 연봉매듭을 맺는다. (매듭 맺는 방법은 94-97쪽 참고)

알고 가기 | 귀주머니의 주름

귀주머니는 접는 방법에 따라 세모주름 주머니와 육모주름 주머니로 나뉜다. 세모주름은 주로 민간에서 쓰던 방법이고 육모주름은 궁중에서만 쓰였다.

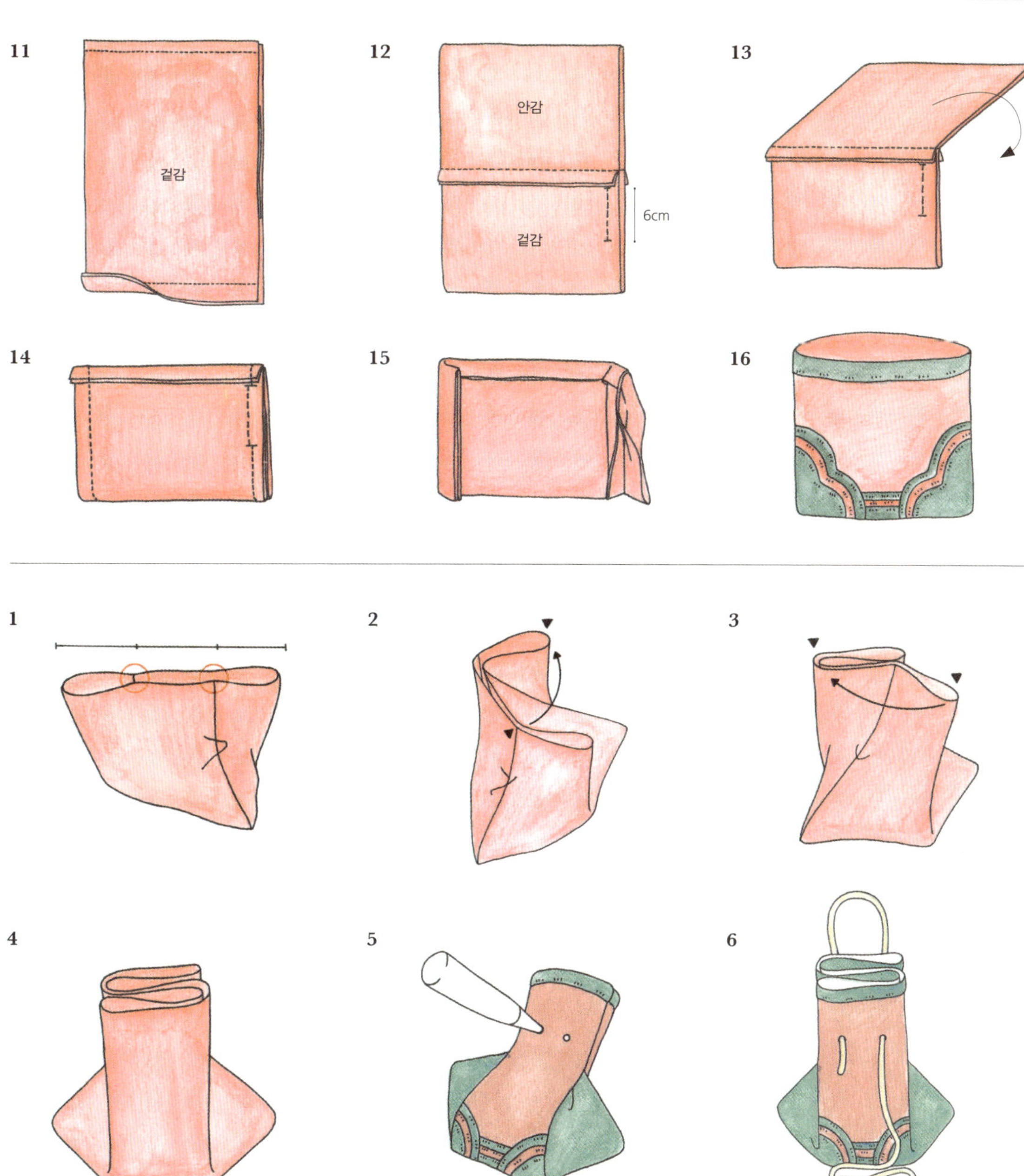
11
걸감
12
안감
6cm
걸감
13
14
15
16
1
2
3
4
5
6

나비 장식 만들기

1 두꺼운 도화지를 꼬리, 날개, 몸통 모양으로 오린다. 꼬리는 위쪽에 날개를 덧붙여주기 위한 여유분 1cm가 덧붙여진 본이다.

2 양단에 꼬리와 날개 본을 그리고 1cm 시접을 두고 재단한 후 날개 아랫부분과 꼬리 양옆을 본 모양대로 접어 다림질한다.

3 다른 색 감을 1cm 폭의 바이어스로 재단하고 반으로 접은 후 날개와 꼬리 둘레에 덧대어 3mm 폭으로 상침한다.

4 1.5cm 폭의 바이어스를 접지 않고 덧대어 상침한다.

5 오려놓은 도화지에 솜을 놓고 꼬리, 날개 감으로 싸서 풀로 붙여준다.

6 양단에 몸통 본을 대고 시접 1cm를 두고 재단한 후 문양을 박음질하고 도화지를 싸서 붙인다.

7 꼬리 위에 날개를 풀로 붙이고 그 위에 몸통을 붙인 다음 가장자리를 공그르기한다.

8 완성 나비 형태로 도화지를 오린다.

9 천으로 싸고 풀칠해서 뒤판을 만든다.

10 굵은 시침실 4겹을 꼬아 파이핑 심지를 만들고 갑사로 감싸 파이핑을 만든다. (파이핑 만드는 방법은 89쪽 참고)

11 앞판에 파이핑을 둘러 고정하고 뒤판을 맞댄 후 끈이 들어갈 구멍을 남기고 공그르기로 연결한다.

12 주머니 끈에 나비 장식을 끼운다.

tip 앞판과 뒤판을 연결할 때 끈이 통과할 자리에 빨대를 끼워놓고 그 부분을 제외하고 공그르기나 감침질로 연결한다. 바느질을 마친 후 빨대 속으로 끈을 통과시킨 다음 빨대를 빼내면 쉽다.

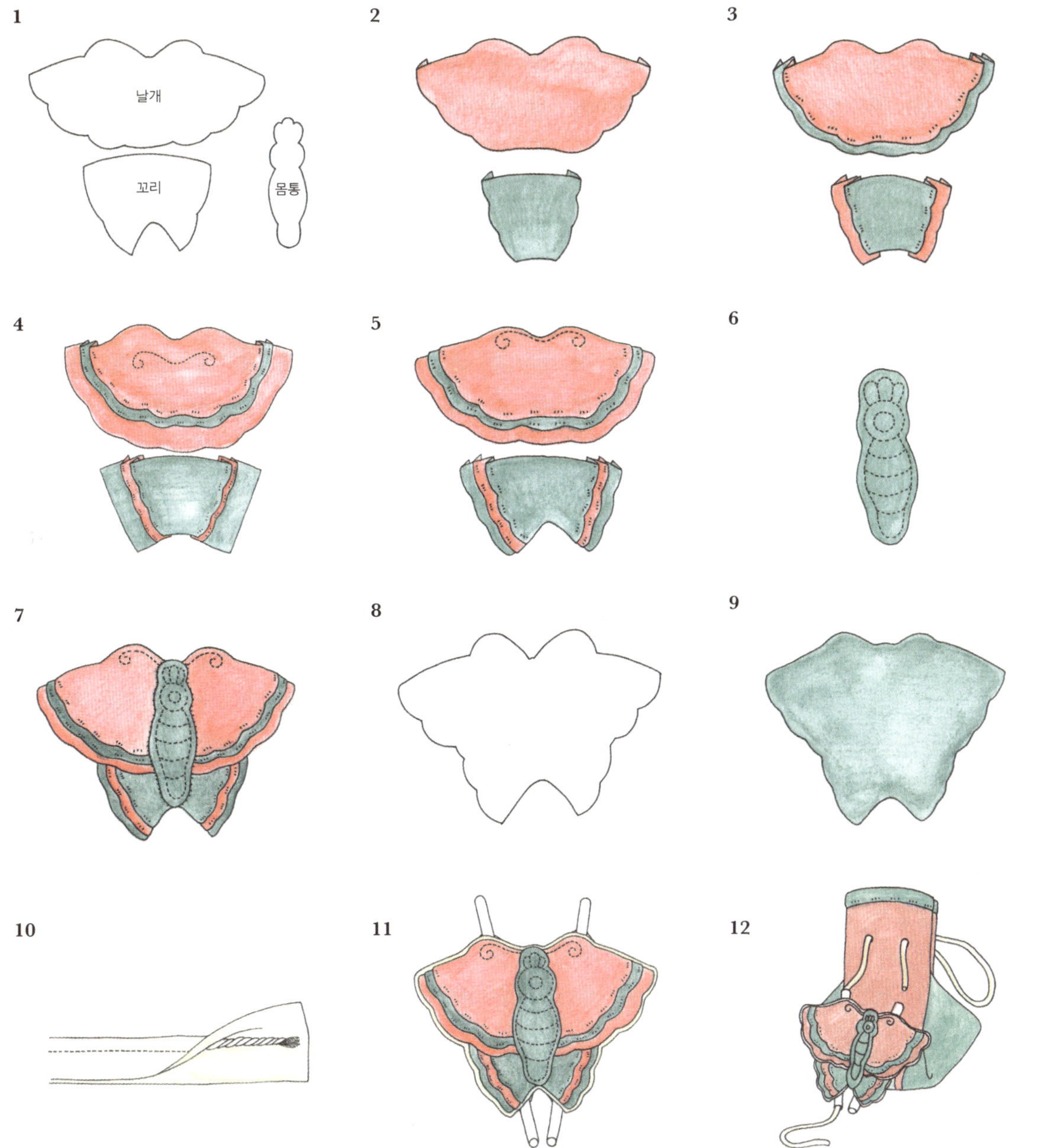
1
날개
꼬리
몸통
2
3
4
5
6
7
8
9
10
11
12

16
옥사 프레임백

✣ **준비물**

걸감용 모본단, 옥사(각 55×45cm)
안감용 인견(110×25cm)
플라스틱 프레임(30cm)
퀼팅솜(접착솜)
접착심지
견사
파이핑
레이스
본드

겉감 만들기

1 본을 그린다. 중심과 주름, 박음질 위치까지 잘 표시해둔다.

2 모본단을 본대로 2장 그리고 시접 1cm를 두고 재단한다.

3 퀼팅솜을 본대로 2장 그리고 시접 1cm를 두고 재단한 후 박음질 위치를 표시한다.

4 퀼팅솜을 모본단 뒷면에 대고 다림질해서 접착시킨다.

5 2겹으로 겹쳐놓은 옥사에 반으로 접은 본을 대고 중심 부분에 8.5cm의 여유분을 두고 2장을 그린 후 시접 1cm로 마름질한다. (주름분 총 17cm)

6 주름(1cm 간격 17개, 주름분 1cm)을 표시한 후 중심을 맞추어 헤라질한다.

7 표시한 대로 주름을 잡아 시침한 후 곱게 감침질한다.

8 옥사를 모본단 위에 놓고 아랫부분에도 자연스럽게 큰 주름을 6~7개 정도 잡아 핀으로 고정한다.

9 A부분을 각각 박음질해서 앞판과 뒤판을 만든다.

10 앞판과 뒤판을 겉끼리 마주 대고 B부분을 박음질한다.

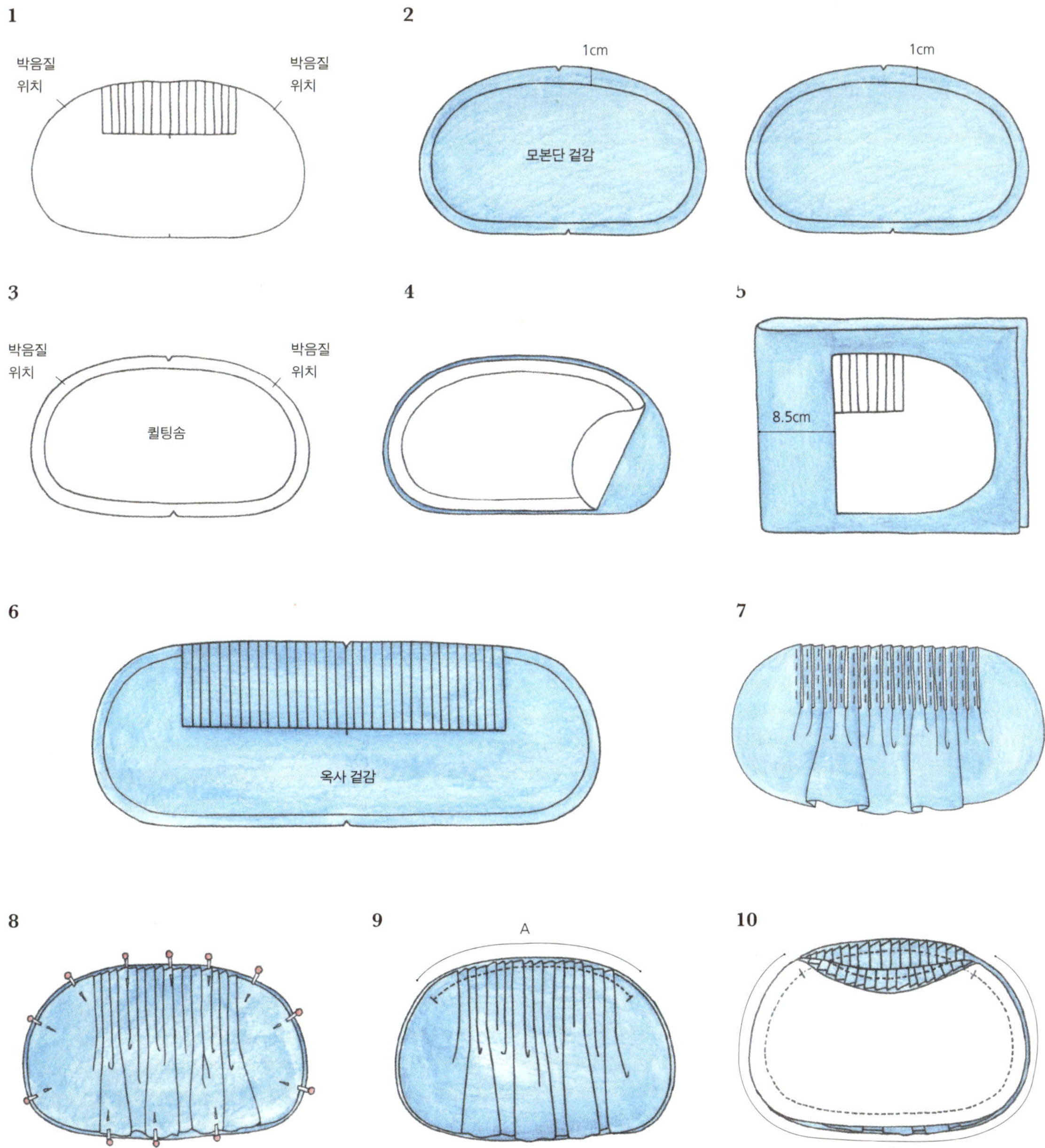
1
박음질
위치
박음질
위치
2
1cm
모본단 겉감
1cm
3
박음질
위치
박음질
위치
퀼팅솜
4
5
8.5cm
6
옥사 겉감
7
8
9
A
10
B

안감 만들어 연결하기

1 안감은 본대로 2장 재단하여 접착심지를 붙인다.
2 안감 2장을 맞대고 겉감과 마찬가지로 B부분을 박는다.
3 겉감과 안감이 겉끼리 맞닿게 끼워 넣는다.
4 위쪽 핸들 달 부분에 창구멍을 남기고 A부분을 박는다.
5 솜의 시접을 박음질 선에 가깝게 바짝 자른다.
6 창구멍으로 뒤집고 시접을 안쪽으로 접어 넣어 다린 후 공그르기로 창구멍을 막는다.

tip 시중에 나와 있는 프레임 크기는 조금씩 차이가 있으므로 박음질 위치는 각자 준비한 프레임 크기에 딱 맞춰 조정하는 것이 좋다.

프레임 달기

1 레이스를 입구 안쪽에 박는다.
2 프레임 안쪽에 본드를 칠하고 가는 파이핑을 넣은 후 본드를 한 번 더 칠한다.
3 가방 입구를 프레임 안으로 밀어 넣어 완성한다.

tip 프레임 안쪽에 넣는 파이핑은 시중에서 판매하는 파이핑을 사용한다.

1

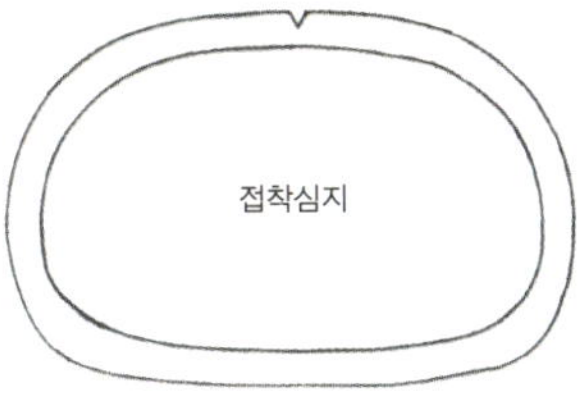

접착심지

2

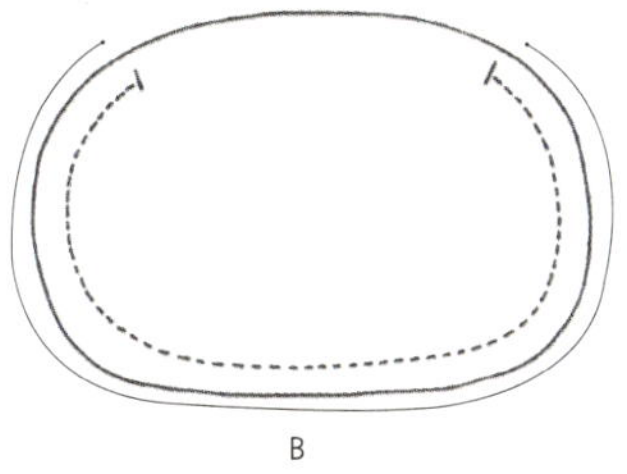

B

3

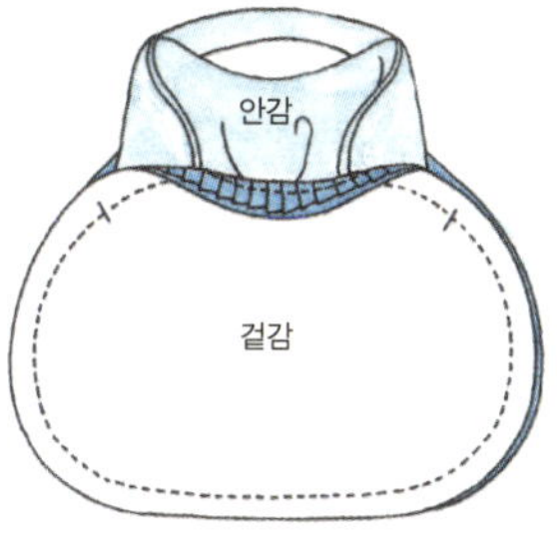

안감

겉감

4

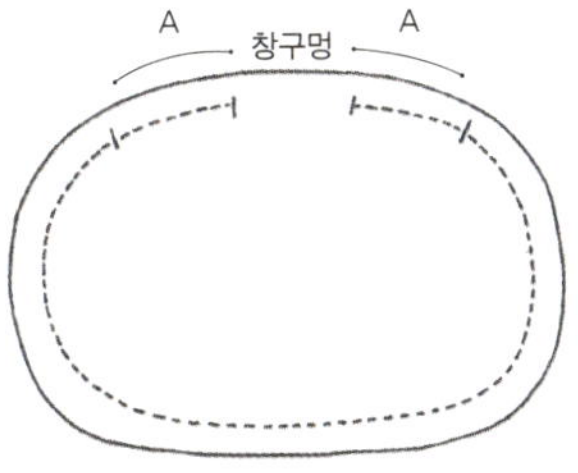

A 창구멍 A

5

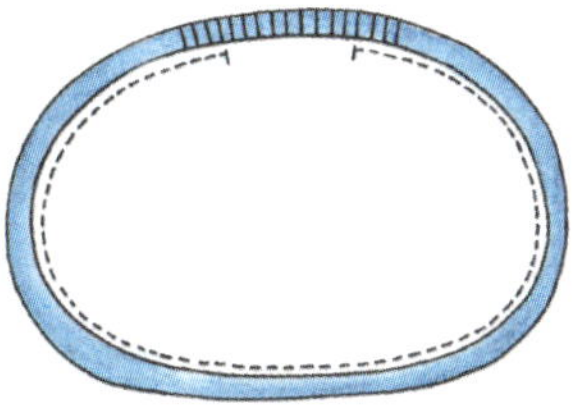

6

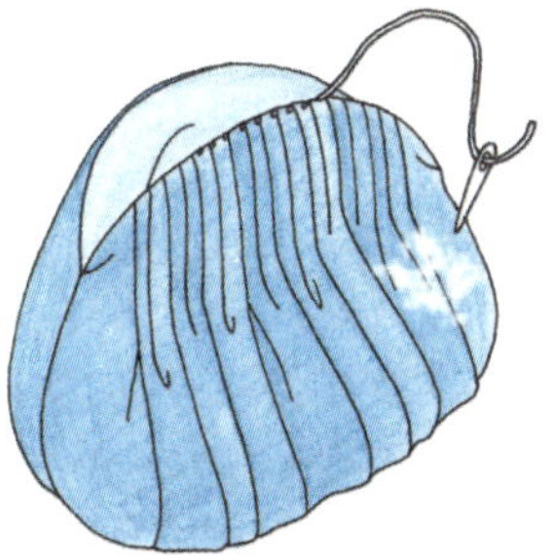

1 2 3

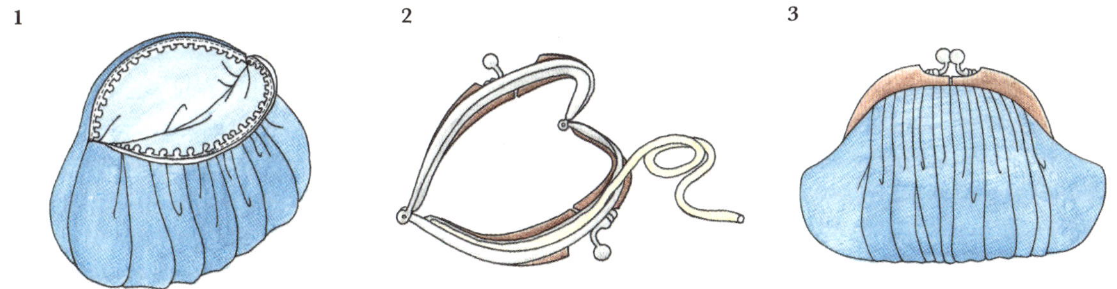

17
금박 클러치백

✣ **준비물**

겉감 명주(25×55cm)
안감 인견(35×40cm)
접착심지(실크, 면)
퀼팅솜
지퍼(30cm)
지퍼 고리 장식

tip 금박을 찍기 전에 먼저 심지를 접착해야 한다. 뜨거운 열을 가하면 금박이 번져버리기 때문이다.

상단 만들기

1 상단 본과 하단 본을 그려 재단한다. 두 본을 합친 것이 안감 본이다.
2 명주에 상단 본을 대고 2장 그리고 시접 1cm를 두고 재단한다.
3 안쪽에 실크심지 또는 퀼팅솜을 접착한다.
4 금박을 찍는다.
5 금박 문양대로 누빈다.
6 옆선을 이어 가방 입구를 만든다.
7 아래쪽에 파이핑을 둘러 박는다.
8 폭 3.5cm의 바이어스를 입구 부분에서 7mm 내려온 곳에 박는다.
9 안쪽으로 넘긴 다음 겉에서 한 번 더 박는다.
10 바이어스 안쪽에 지퍼를 단다.

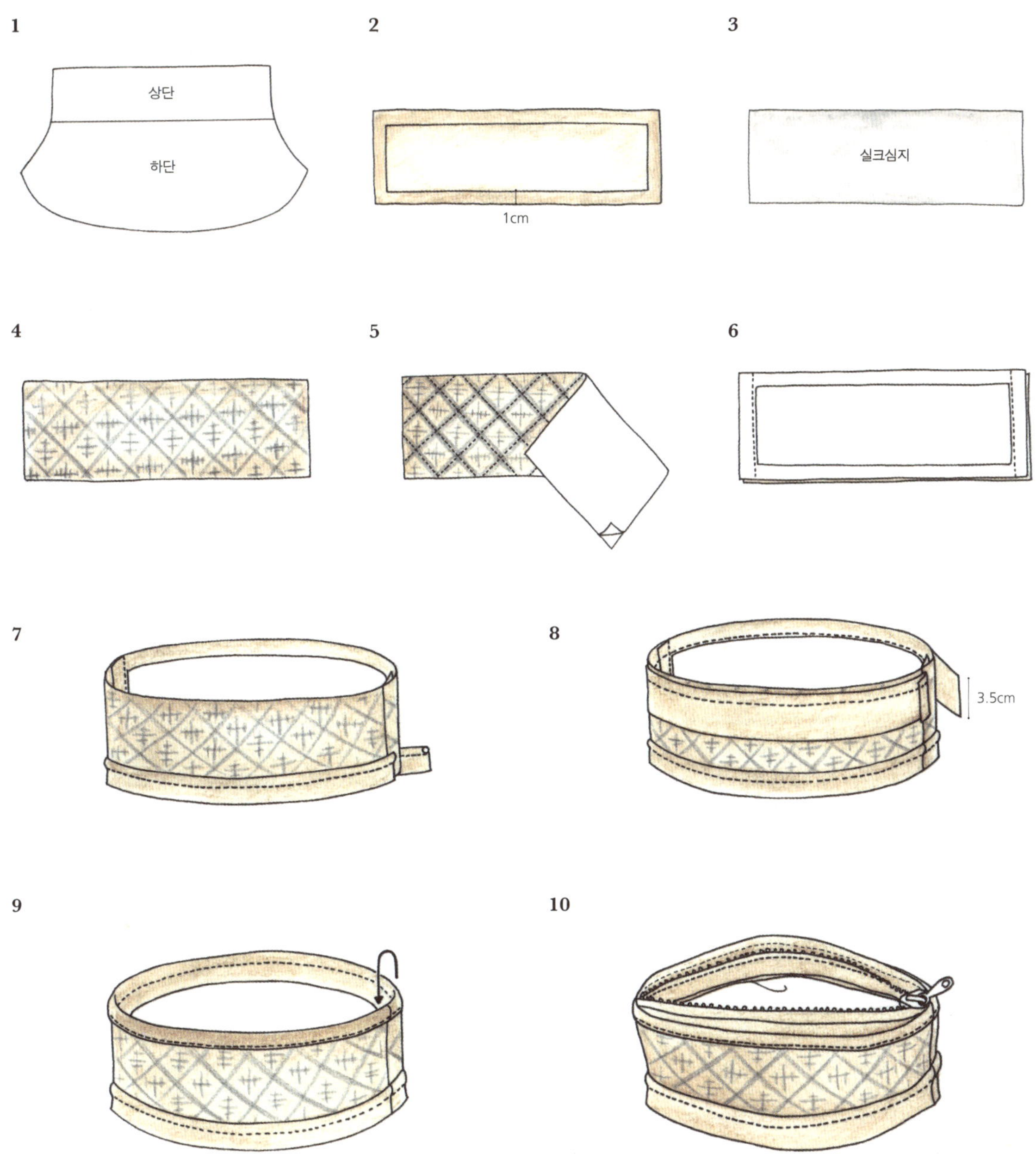
1
상단
하단
2
1cm
3
실크심지
4
5
6
7
8
3.5cm
9
10

하단 만들기

1 2겹으로 겹쳐놓은 명주에 하단 본을 반으로 접어 대고 중심 부분에 10cm의 여유분을 두고 2장을 그린다. (주름분 총 20cm)
2 시접 1cm를 두고 재단한다.
3 안쪽에 실크심지를 접착한다.
4 퀼팅솜에 하단 본을 2장 그리고 시접 1cm를 두고 재단한다.
5 윗부분에 주름을 잡은 겉감을 퀼팅솜 위에 대고 완성선을 박음질해서 앞면을 만든다. 뒷면은 주름을 잡고 퀼팅솜을 댄 후 박음질 대신 곱게 시침한다.
6 앞면과 뒷면을 겉끼리 맞대고 완성선을 박음질한다.
7 뒤집어서 주머니 모양을 만든다.
8 하단 입구에 상단 아랫부분을 겉끼리 맞대어 핀을 꽂고 상단 안쪽에서 파이핑 박음선을 따라 한 번 더 박는다.

tip 2줄 홈질을 한 후 양쪽에서 잡아당겨 주름을 잡는다. 재봉틀을 사용할 경우는 땀을 크기를 늘려서 박은 후 밑실이나 윗실을 잡아당겨 주름을 잡는다.

알고가기 | 금박 장식

금박은 금박 스티커를 사서 다림질하면 수작업으로 할 수도 있고, 종로5가 광장시장 등 여러 곳에 전통 금박을 찍어주는 곳이 있다. 금박 대신 비즈 장식을 해도 좋다.

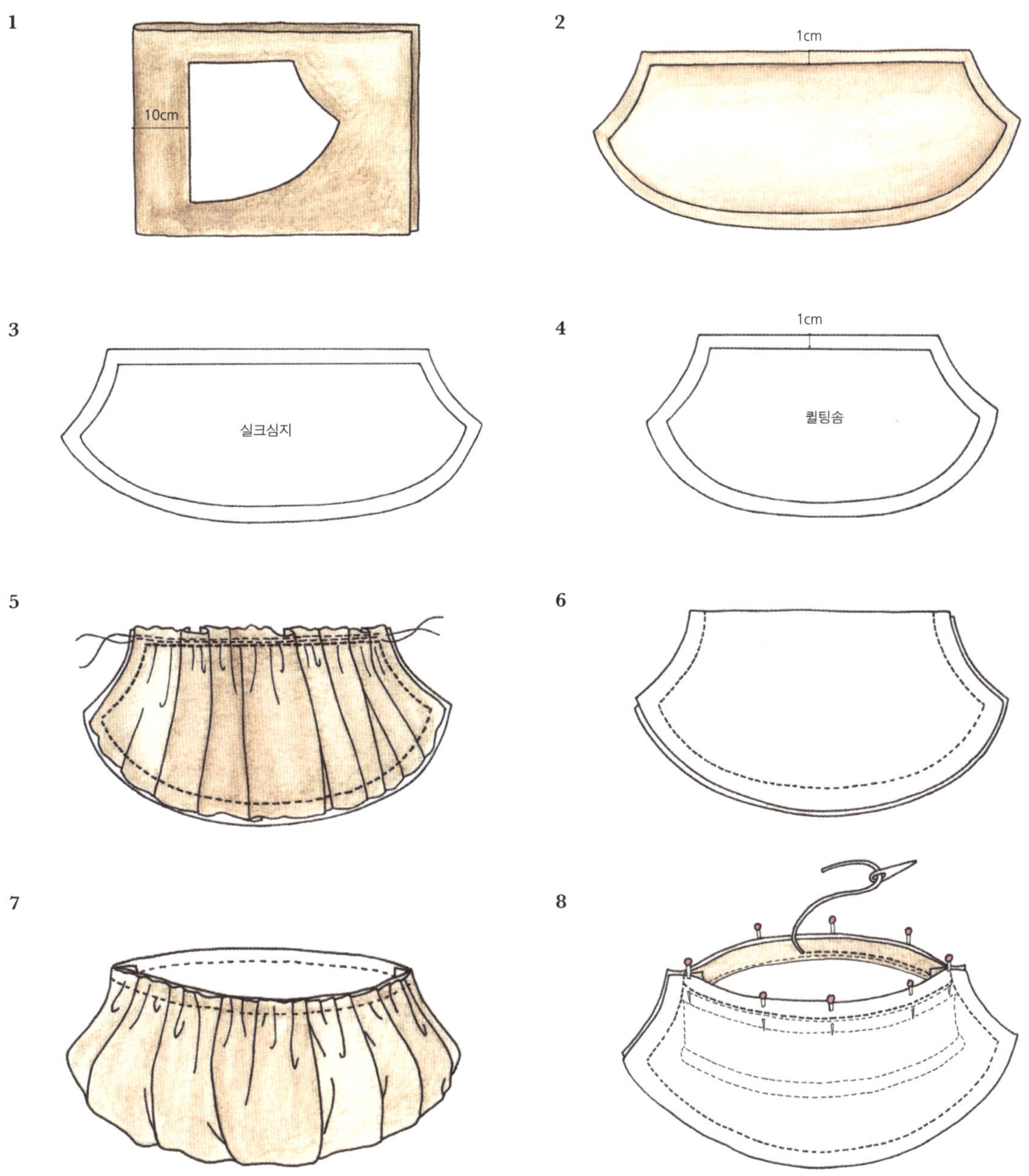
1
10cm
2
1cm
3
실크심지
4
1cm
퀼팅솜
5
6
7
8

안감 만들기

1 인견에 안감 본(상단+하단)을 2장 그리고 시접 1cm를 두고 재단한다.
2 안쪽에 면심지를 접착한다.
3 겉끼리 맞대고 주머니 모양으로 박음질한다.
4 입구 부분의 시접을 접어 다림질한 뒤 겉감 안쪽에 끼워 넣는다.
5 지퍼 안쪽 부분에 안감을 공그르기로 연결한다.

tip 심지는 얇은 원단에 힘을 주기 위해 붙여준다. 또 구김이 가거나 늘어지는 등 모양이 변하는 것을 막아주는 역할도 한다.

지퍼 고리 만들기

1 지퍼 고리 폭에 맞추어 끈을 접어서 감침질한다.
2 고리 안에 밀어 넣고 나사로 조인다.

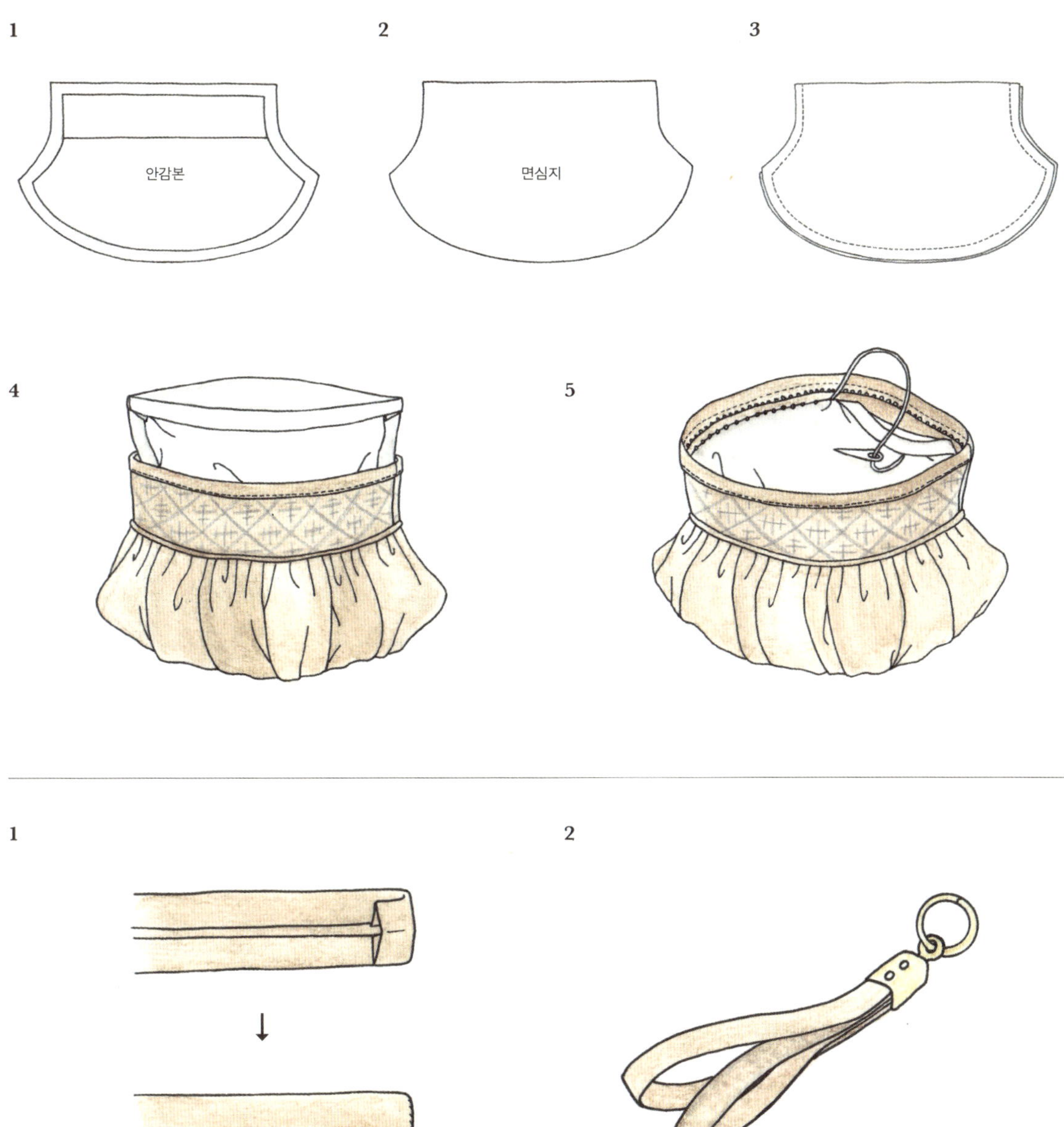
1
2
3
안감본
면심지
4
5
1
2

18 누비 이브닝백

✣ **준비물**

겉감 모본단(55×55cm)
안감 인견(55×45cm)
광목(심지용)
접착심지
지퍼(30cm)
파이핑
가는 매듭끈

상단 만들기

1 상단 본과 하단 본을 그려 재단한다.

2 광목을 세 겹으로 겹쳐서 상단 본을 그리고 시접 1cm로 재단한 후 어슷 시침해서 심지를 만든다.

3 20×20cm로 재단한 모본단 모서리에 상단 본을 바이어스 방향으로 놓고 그린 후 위쪽은 시접 1cm, 아래쪽은 여유분 10cm를 더하여 재단한다.

4 광목 심지 위에 모본단을 고정하고 입구 쪽 완성선을 박는다.

5 광목 심지와 겉감 사이에 매듭끈을 밀어 넣어 곡선 형태로 박아준다. 재봉틀을 사용한다면 지퍼 노루발을 활용하면 편리하다.

6 본 모양대로 매듭끈이 채워질 때까지 계속한다.

7 입구 쪽에 파이핑을 단다.

8 입구 쪽의 시접을 안쪽으로 꺾어 다린다.

9 지퍼를 단다.

10 아랫부분에도 파이핑을 돌려 박아준다.

알고 가기 | 색사 누비 기법

이브닝백 상단에는 홈질 대신 박음질을 사용하고, 충전재로 솜 대신 매듭끈을 넣어 장식 효과를 내는 색사 누비 기법을 응용하였다. 면끈을 넣고 박음질을 하면 줄어드는 분량이 많기 때문에 완성 크기보다 여유 있게 재단해야 한다.

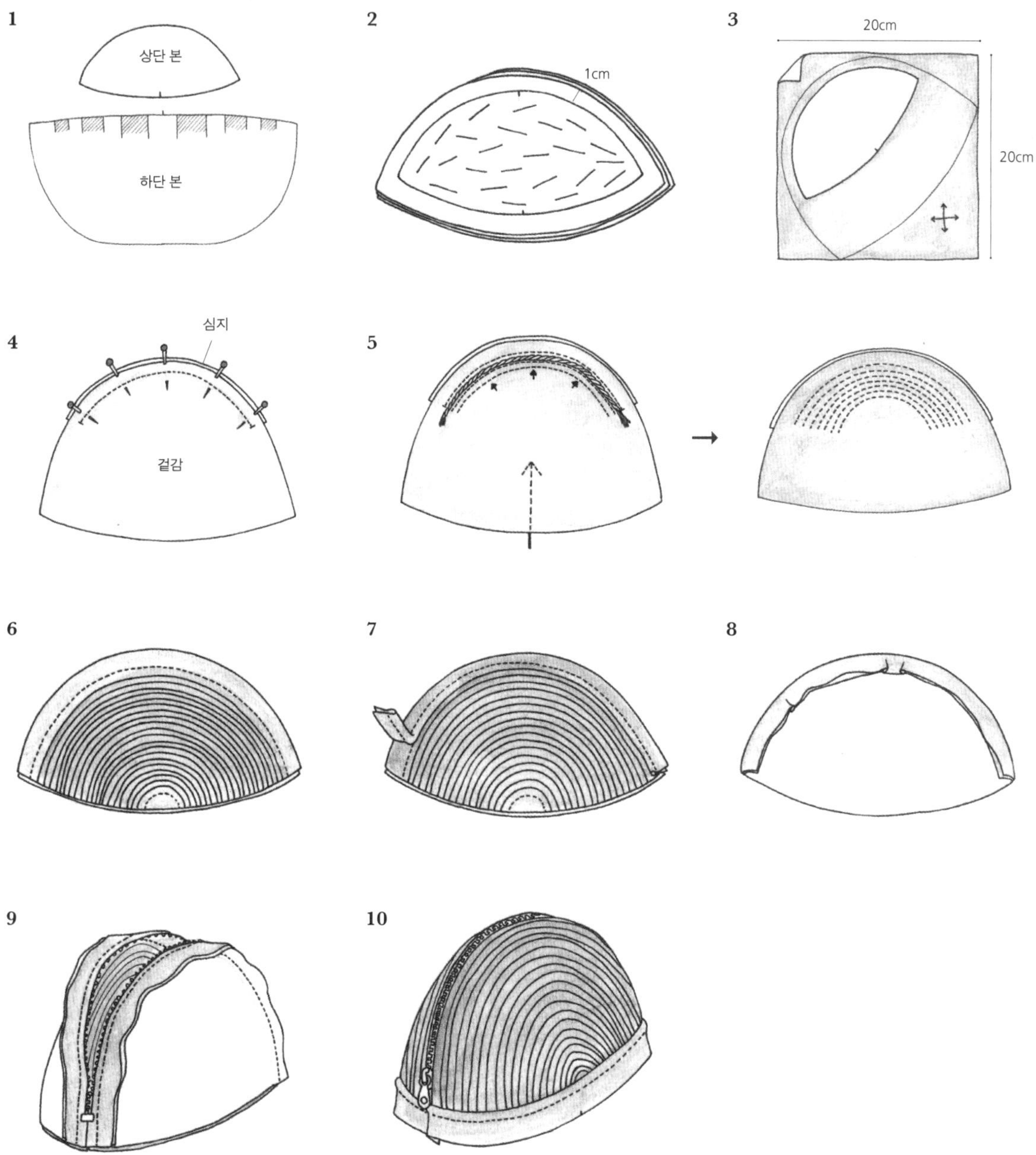
1
상단 본
하단 본
2
1cm
3
20cm
20cm
4
심지
겉감
5
6
7
8
9
10

하단 만들어 연결하기

1 하단의 옆면을 2.5×52cm로 재단해서 상단과 같은 방법으로 매듭끈을 넣어 박아준다.
2 모본단에 하단 본을 2장 그리고 시접 1cm로 재단한 후 안쪽에 실크 심지를 붙여 앞판과 뒤판을 만든다.
3 옆면 양쪽에 앞판과 뒤판을 겉끼리 맞대고 박아서 연결한다.
4 상단의 밑부분 둘레에 맞추어 큰 주름을 6개 잡는다.
5 상단의 아랫부분과 하단의 윗부분을 겉끼리 맞닿게 끼워 넣고 핀을 꽂아 고정한다.
6 상단의 안쪽에서 파이핑 박음선 위쪽을 따라 박음질해 상단과 하단을 연결한다.

tip 큰 주름을 잡을 때는 실물 본에 표시된 주름분 양옆의 선을 겉끼리 맞닿게 해서 박은 다음 중심 쪽으로 보내 주름 모양을 정리하면 된다.

안감 만들기

1 인견에 본대로 상단 2장, 하단 2장, 옆면 1장을 그리고 시접 1cm로 재단한 후 안쪽에 면 심지를 붙인다.
2 옆면에 하단의 앞판과 뒤판을 박는다.
3 하단의 윗부분에 두 줄로 홈질한 후 잡아당겨 주름을 잡는다.
4 옆면의 중심과 상단의 양옆 솔기 위치를 맞추어 겉끼리 맞대고 박음질하여 연결한다.
5 입구의 시접을 꺾어 다림질한다.
6 안감 안쪽에 겉감 안쪽이 맞닿도록 끼워 넣고 입구 부분을 지퍼 안쪽에 공그르기한다.

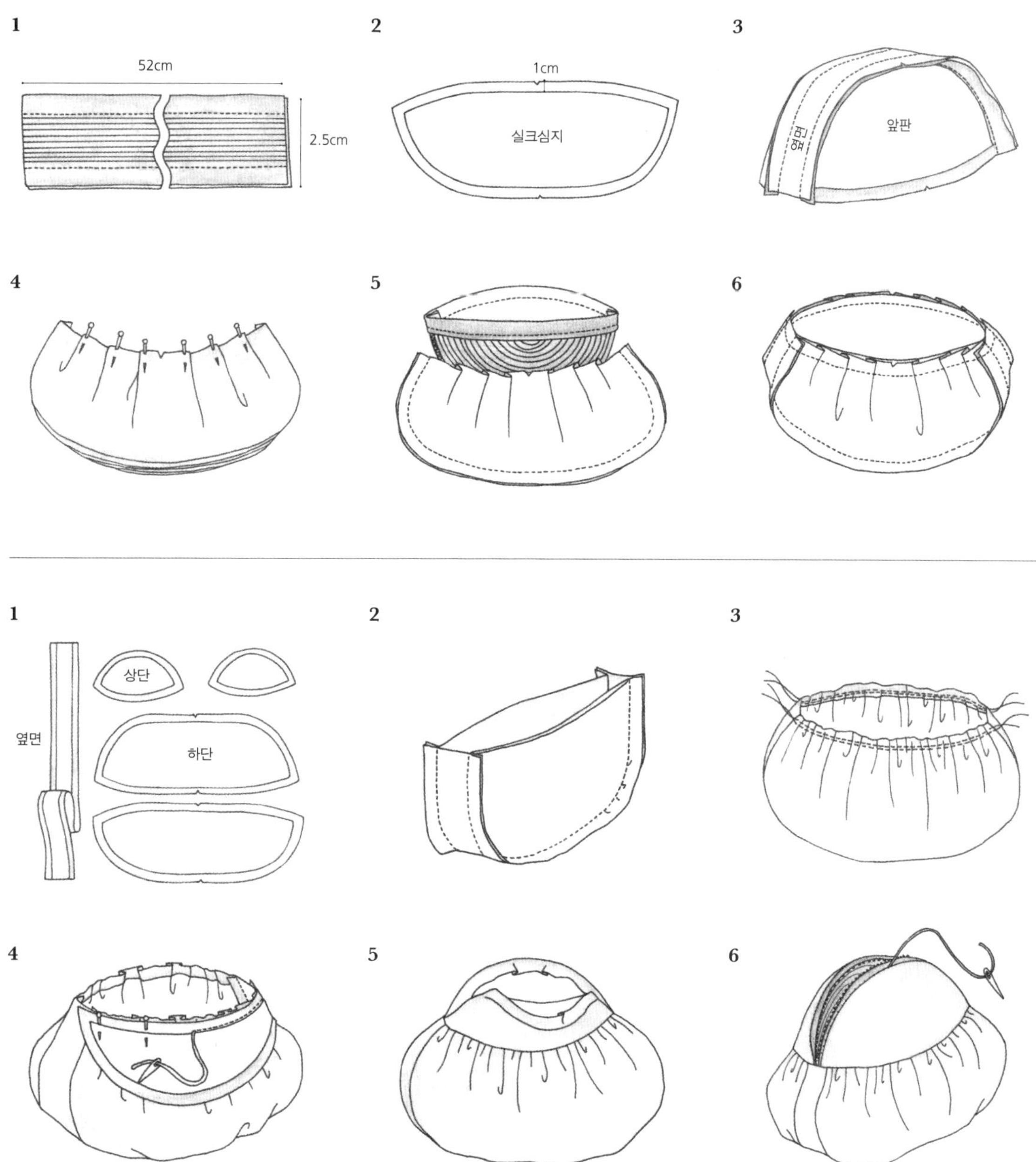
1
52cm
2.5cm
2
1cm
실크심지
3
옆면
앞판
4
5
6
1
상단
옆면
하단
2
3
4
5
6

19 누비 빅백

✣ 준비물

직선 누비 원단 44×42cm
삼각 누비 원단 12×42cm 2장
안감용 면 64×42cm
바이어스 3.5×90cm
지퍼(35cm)
지퍼 날개용 천 12×37cm 2장

tip 시중에 나와 있는 누비 원단을 구입해도 되고, 손누비로 원단에 직선 누비, 삼각형 모양 누비를 해도 좋다.

만들기

1 직선 누비 원단은 44×42cm, 삼각 누비 원단은 12×42cm로 2장 재단한다. (사방 시접 1cm씩 포함)
2 삼각 누비 부분과 직선 누비 부분을 이어준다.
3 세로로 반 접어 양옆을 박아주고 시접을 갈라서 다린다.
4 바닥 양쪽을 세모 모양으로 접어 11cm가 되도록 박음질한다.
5 안감은 64×42cm로 재단해서 겉감과 같은 방법으로 만든다.
6 안감을 겉감 속에 안쪽끼리 맞닿게 넣어준다.
7 지퍼 날개용 천의 시접을 1cm씩 꺾어 다리고 가로로 반을 접어 6×35cm로 만든 후 지퍼 양쪽에 박음질한다.
8 지퍼 날개를 안감 쪽에 달아준다.
9 입구는 겉감과 안감을 함께 바이어스 처리한다. 먼저 안감 쪽에 바이어스를 대고 7mm 내려온 곳을 박는다.
10 끈고리 4개를 끈을 달 위치에 고정한 후 끈고리 사이에 나무 연결고리를 끼워 넣고 박는다.
11 바이어스를 겉으로 넘겨 끝부분을 접어 넣고 공그르기로 마무리한다.

1
42cm
12cm
44cm
2
3
1cm
1cm
4
11cm
5
11cm
6
7
6cm
35cm
8
9
7mm
10
11

20
누비 파우치

✣ 준비물

누비 원단 32×25cm
안감용 면 32×25cm
자수 모티브
지퍼(25cm)
바이어스 3.5×60cm

만들기

1 겉감용 누비 원단과 안감용 원단을 32×25cm로 재단한다. (사방 시접 1cm씩 포함)
2 세로로 반 접어 옆선을 박고 시접을 갈라서 다려준다.
3 바닥 양쪽을 세모 모양으로 접어 7cm가 되도록 박음질한다.
4 안감도 같은 방법으로 만든다.
5 안감을 겉감 속에 안쪽끼리 맞닿게 넣어준다.
6 겉감 입구 부분에 자수 모티브를 고정한다.
7 입구 안감 쪽에 바이어스를 대고 7mm 내려온 곳을 박는다.
8 바이어스를 겉으로 넘겨 끝부분을 접어 넣고 공그르기한다.
9 지퍼를 달아 완성한다.

1

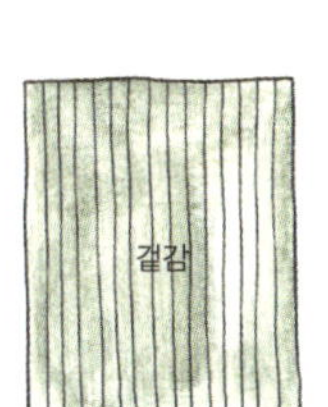

2

3

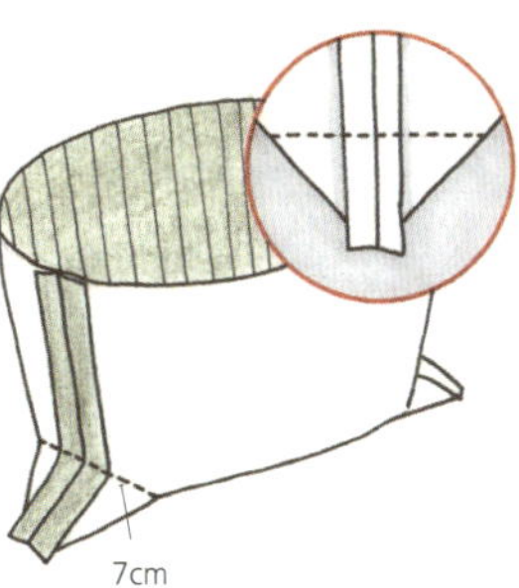

4

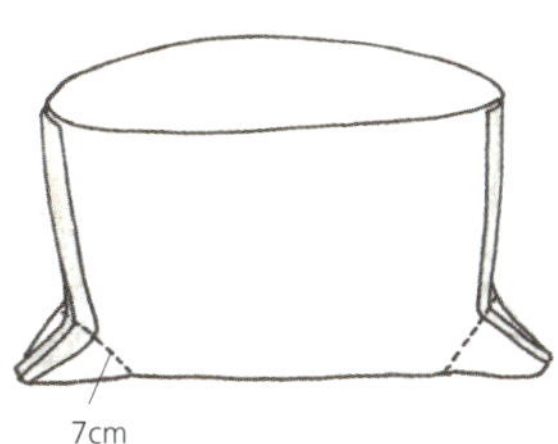

5

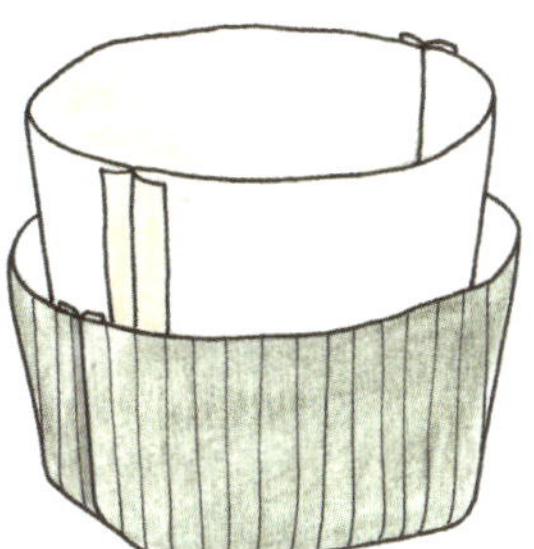

6

7

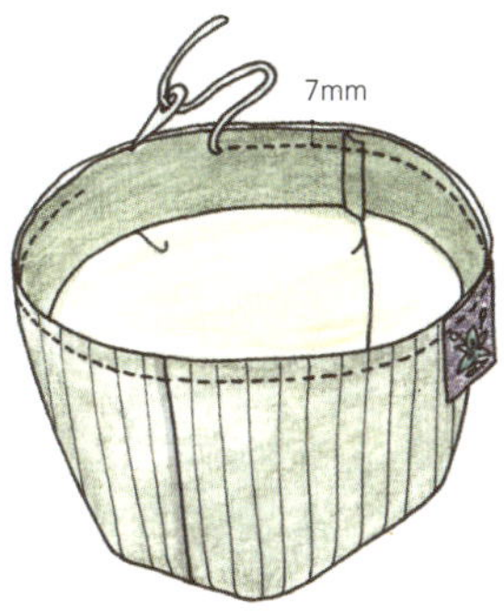

8

9

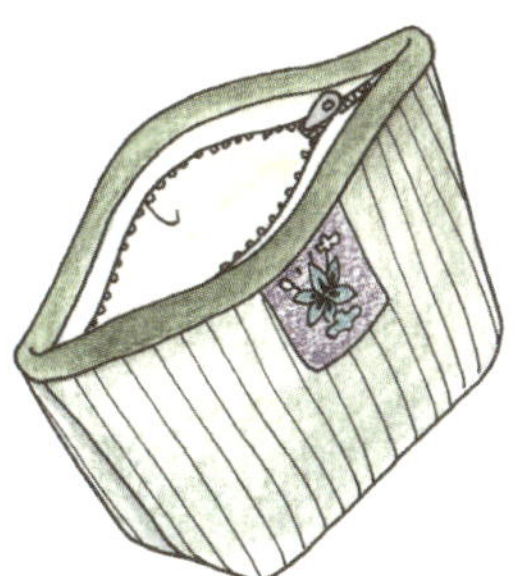

21

꼴라주 빅백

✣ **준비물**

누비 원단 92×42cm
안감용 면 92×42cm
꽃 문양 천 약간
양면 접착심지
사각 프레임(30cm)

tip 꼴라주할 때는 먼저 꽃 문양 천에 양면 접착심지를 붙이고 원하는 모양으로 오려낸다. 그리고 겉감에 다리미로 접착한 후 가장자리를 홈질로 누빈다.

만들기

1 겉감용 누비 원단과 안감용 원단을 각각 92×42cm로 재단한다. (사방 시접 1cm씩 포함)
2 겉감의 원하는 위치에 모양대로 오린 꽃 천을 꼴라주하고 둘레를 따라 퀼팅해준다.
3 겉감과 안감을 겉끼리 맞대어 한쪽 입구에 10cm의 창구멍을 남겨놓고 사방을 바느질한다.
4 뒤집어서 공그르기로 창구멍을 막는다.
5 세로로 반 접어 양옆을 공그르기로 이어준다.
6 안쪽에서 바닥 양쪽을 세모 모양으로 접어 12cm가 되도록 박음질한다.
7 프레임 사이에 가방 입구를 끼워 넣고 프레임 중앙과 원단 중앙을 맞춰 시침핀으로 고정한다.
8 중심부터 바깥쪽 방향으로 프레임과 원단을 박음질해서 고정한다.

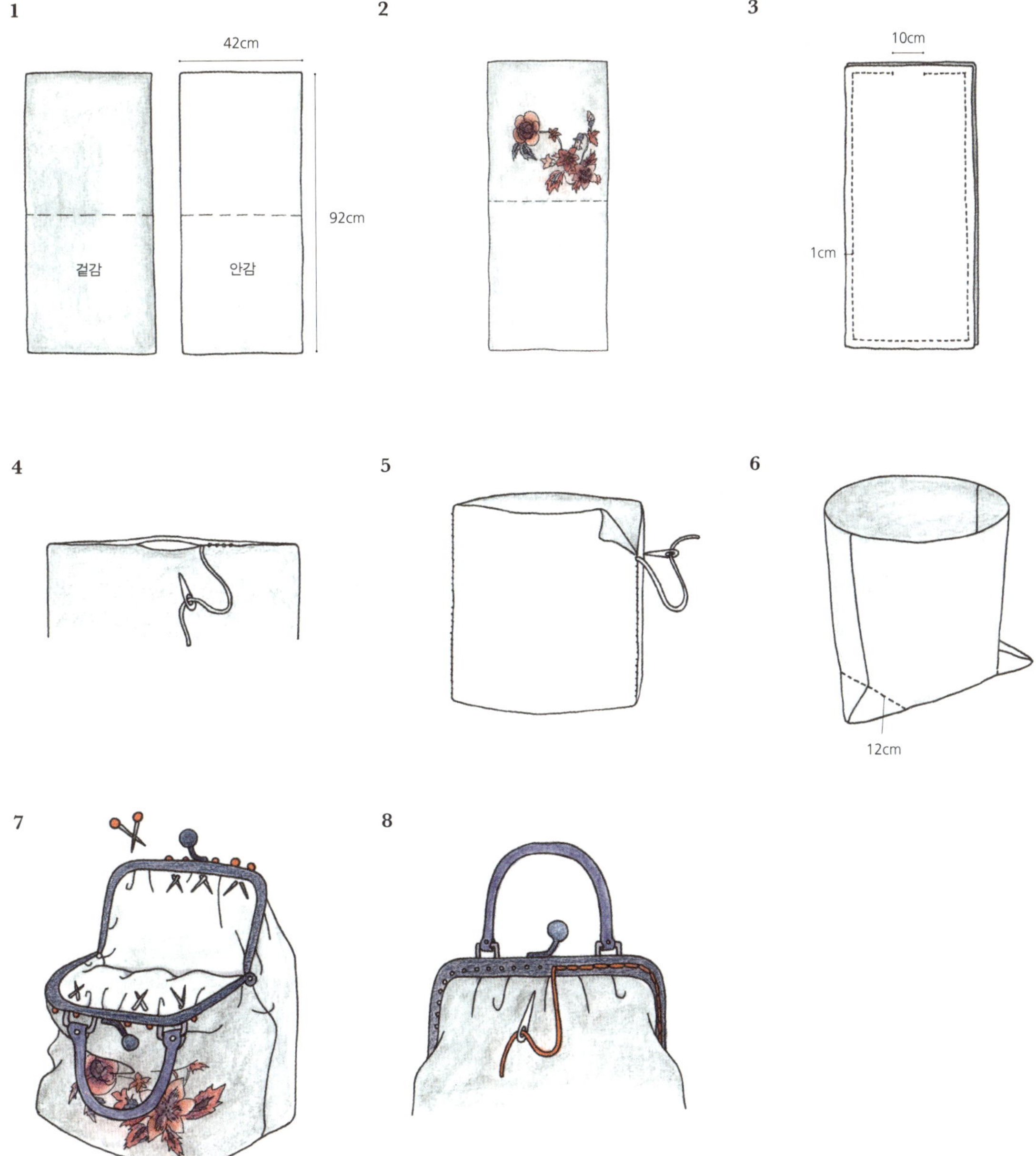
1
42cm
92cm
겉감
안감
2
3
10cm
1cm
4
5
6
12cm
7
8

22
꼴라주 파우치

✣ 준비물

누비 원단 35×27cm
안감용 면 35×27cm
꽃 문양 천 약간
양면 접착심지
둥근 프레임(15cm)

만들기

1 겉감용 누비 원단과 안감용 원단을 각각 33×25cm로 재단한다. (사방 시접 1cm씩 포함)
2 겉감의 원하는 위치에 꽃 천을 꼴라주하고 모양대로 퀼팅해준다.
3 겉감과 안감을 겉끼리 맞대어 한쪽 입구에 6cm의 창구멍을 남겨놓고 사방을 바느질한다.
4 뒤집어서 공그르기로 창구멍을 막는다.
5 세로로 반 접어 양옆을 공그르기로 이어준다.
6 안쪽에서 바닥 양쪽을 세모 모양으로 접어 6cm가 되도록 박음질한다.
7 프레임 사이에 파우치 입구를 끼워 넣고 프레임 중앙과 원단 중앙을 맞춰 시침핀으로 고정한다.
8 중심부터 바깥쪽 방향으로 프레임과 원단을 박음질해서 고정한다.

1
2
3
25cm
33cm
겉감
안감
6cm
1cm
4
5
6
6cm
7
8

참고문헌

아름다운 우리 전통 누비 만들기(김해자, 유선희 저, 미진사)

아름다운 우리 전통 매듭 만들기(김은영 저, 미진사)

아름다운 우리 전통 보자기 만들기(김현희 저, 미진사)

아름다운 우리 전통 자수 배우기 (손경숙 저, 미진사)

우리옷과 장신구(이경자 외, 열화당)

한국복식문화사진(김영숙 편지, 미술문화시)